Antje Remke

AF220367

Crossover

Inspirierende Texte und Gedichte

Antje Remke

Crossover

Inspirierende Texte und Gedichte

Antje Remke

Pestalozzistr. 14

13187 Berlin

www.denken-neu-lenken.de

info@denken-neu-lenken.de

instagram.com/antje_remke

Impressum

©Remke, Antje

Herstellung und Verlag:

BoD – Books on Demand, Norderstedt

2022 - 1. Auflage

ISBN 9783754385180

Cover : Emil Wurzel (Sohn)

Digitale Umsetzung: https://mika-webdesign.de

Lektorat: Sybille Jurth &

Melanie Eberlein www.melanieeberlein.com

Foto: Tabea Marten http://fotografa.de/

Inhalt

Crossover

Der Titel kam einfach zu mir. Ich kannte Crossover bereits aus der Musik. Der Begriff wird verwendet, wenn Komponisten beispielsweise Klassik und Rock mixen. Bei meiner Recherche fand ich heraus, dass er auch beim Kochen und für Autos benutzt wird. Aus dem Englischen wird es mit „Überschneidung", „Kreuzung", „Überquerung" übersetzt.

Doch das passt, so wie schreibe. Es geht wieder kreuz und quer durch den Straßenverkehr, die Ideen, die Perspektiven und die Stimmungen. Es kommen u. a. ein rotes Ampelmännchen, die Sonne oder auch die Wut zu Wort. Mehr und mehr liebe ich Personifizierungen. Es gibt Tierisches und Menschliches. Ja, ich schreibe auch Brutales – obwohl ich ein friedlicher Mensch bin. Das ist alles nur Phantasie. Wirklich. Selbst Medizinisches spielt eine Rolle.

Vielfältig wie ich bin und wie auch bei mir die Stimmungen schwanken. Mal hochsensibel, mal melancholisch, mal ernst und schwer, mal albern und verrückt, mal wütend. Ja, kreuz und quer. „Crossover halt"

Dieses Mal ist die Reihenfolge chronologisch. Das Leben mit dem Virus hat auch bei mir etwas verändert. Vieles fordert mich wie alle anderen heraus. Es ist so aktuell, das Denken immer wieder neu zu lenken. Immer wieder weitermachen bei all der Schwere und der Unsicherheit. Immer wieder kreativ sein. Viele sind wie ich so vergesslich. Ich will mich und meine Leser immer wieder an die Zuversicht, das Vertrauen, das Lachen und die Gemeinsamkeiten erinnern. Erlebe, wie wir das alle so dringend brauchen.

Ich kann es kaum erwarten, nun auch Crossover immer zur Hand zu haben und passende Metaphern für meine Coachingkunden zur Hand zu haben. Es ist großartig, dass auch andere Coaches, Lehrer und Therapeuten meine Texte und Gedichte in ihrer Arbeit sehr gerne verwenden.

Bunte Buchstabenbegegnungen

Im Sommer 2021 erschien mein erstes Buch „Wirksame Worte". Ich hatte eine Auswahl getroffen. Viele andere meiner Texte und Gedichte fühlten sich aber sehr vernachlässigt. Sie wollten auch in die Welt. Nicht nur auf meinem Rechner ab und zu mal aufgerufen werden. Das ist auch für Buchstaben kein schönes Leben. So ließ ich mich von ihnen breitschlagen.

Nur drei Gedichte sind aus dem letzten Jahrtausend. Meine Schreibpause endete 2013. Seitdem werde ich von Jahr zu Jahr produktiver. Manche Sätze haben für mich oft eine immense Wirkkraft, wie hier aus dem Text über IDEEN. (Auszug).

Brief der Ideen an Erna „Oder soll bei deiner Beerdigung über dich gesagt werden? Wir tragen heute Erna zu Grabe und beerdigen mit ihr all ihre tollen Ideen, die sie der Welt konsequent vorenthalten hat."

Das soll bei meinem Ende anders sein. Ich will meine Ideen nicht enttäuschen. Auch wenn es nicht so einfach ist.

Danke

Respektvollen Dank für all die zahlreichen Leserstimmen zu den Wirksamen Worten.

Danke für die Gelegenheiten aus meinem Buch zu lesen.

Danke für unser Wiedersehen. Ich bin gerührt für unzählige Momente rund um das erste Buch.

Danke für alle, die es verschenken.

Danke für Radiobeiträge und Artikel in der Presse.

Danke für eure Vorfreude auf das neue Buch.

Auch eure Begeisterung motiviert mich weiterzumachen mit dem Schreiben.

Danke an Susan Lutze, die mich bei der Wahl des Buchtitels bestärkte.

WEITERMACHEN war das letzte Gedicht im ersten Buch.

Dieses endet mit NEUBEGINN.

Viel Freude auf dem Weg durch die Seiten.

Antje Remke

Antje Remke (Jg. 1968) ist Autorin und Coach. Sie ist hochsensibel mit einer introvertierten und extrovertierten Seite. Sie wuchs im Havelland auf und lebt seit 1991 in Berlin. Erst war sie als Krankenschwester und Sozialarbeiterin tätig, bevor sie sich 2008 als Coach selbständig machte.

Ihr Unternehmen heißt DENKEN NEU LENKEN. Sie pflegt ihr Leben lang einen kreativen Umgang mit Worten und inspiriert so mit Humor, Empathie und Kreativität leidenschaftlich gern Menschen, immer wieder das Denken neu zu lenken.

2013 wurde ihr eine Schreibgruppe anvertraut. Für sie war dies ein großes Geschenk. So war sie „gezwungen", sich monatlich Schreibimpulse zu überlegen und einen Rahmen für Frauen zu schaffen, die es schätzten, gemeinsam Neues zu Papier zu bringen.

Seit dem Virus ist Schreiben für sie ein heilsamer Weg, sich weiter kreativ zu entfalten. So kann sie sich und andere inspirieren und freut sich, wenn sie andere ansteckt:

„Mehr denn je brauchen wir in diesen Zeiten der Unruhe, der Unübersichtlichkeit und des Unbehagens Worte, die uns dienen und Zuversicht geben. Mit Leichtigkeit, Humor und einem verschmitzten Lächeln." (Eines der zahlreichen Feedbacks zum ersten Buch)

Mehr finden Sie hier:

Wirksame Worte

https://denken-neu-lenken.de/wirksame-worte/

Vor der Jahrtausendwende

Unsre Mutter

Wem zerläuft jede Arbeit unter den Fingern wie Butter?

Das kann doch bei keiner andren sein als unsrer Mutter

sie muss wirklich alles tun

ob nun zum Fest zu rupfen ist ein Huhn

oder etwas einzukaufen

nein sie gönnt sich kein Verschnaufen

und den täglich neuen Abwasch

schafft sie wirklich äußerst rasch

genauso ist´s beim Saubermachen

und beim Stopfen kaputter Sachen

dies alles muss unsre Mutter tun

bei allem gönnt sie sich kein Ruhn

aber macht sie wirklich alles gerne

schuften bis am Himmel sind die ersten Sterne

bestimmt würde sie sich über unsre Hilfe freuen

und wir brauchen es bestimmt nicht zu bereuen

denn unsre Mutter hat dann für uns Zeit

wenn das so ist, sind wir gern bereit

für unsre Mutter einzukaufen

dann könnte sie bestimmt einmal verschnaufen

oder man könnte sich doch einigen

dass wir gemeinsam die Wohnung reinigen

dann würde Mutter öfter mit uns lachen

und auch Späße mit uns machen

also helfen wir unserer Mutter

dann können wir uns freuen

denn dann zerläuft uns allen zusammen

die Arbeit unter den Fingern wie Butter. (1977)

Gedicht meines Vaters an mich

Geld auf der Bank

niemals krank

alle Tassen im Schrank

immer schlank

Anlage blank

CDs mit gutem Klang

Wein und Gesang

beim Angeln guten Fang

mit Kollegen keinen Zank

Weihnachtsbaum mit Behang

Urlaub schön lang

beim Feiern mittenmang

nicht vom 4. in den Rückwärtsgang

und immer Benzin im roten Tank

und nun sagen deine Eltern

verbindlichsten Dank.

Ich fand dieses Gedicht meines Vaters erst vor Kurzem wieder. Einerseits grinse ich breit und bin gerührt, andererseits sehr traurig, wenn ich an ihn denke. Er ist dement und kann nicht mehr erleben, wie sehr er mich kreativ mit seinem Humor beeinflusst hat. Ich bin ihm so dankbar und fühle mich ihm schreibend sehr verbunden. (*Ein cooler Elefant Seite 55*)

Einladung 30. Geburtstag

Nun ist es soweit

kürzer wird die Lebenszeit

dreißig werde ich

lade ein nun dich

bring bitte was zu Essen mit

Brot, ne Bemme oder Schnitt

denn ich sitze at home

und schreib am Diplom

und die Zeit die wird mir knapp

Papperlapapp

trinken gibt's bei mir

ist der Stress dann mal vorbei

gibt's die nächste Feierei. (1998)

Vor dem Virus

Worte

„Worte sind eine Form des Handelns, fähig, Änderungen herbeizuführen" Ingrid Bengis. Warum benutzen wir Worte? Machen wir uns Gedanken, Gefühle auszusprechen? Wohl nicht immer.

Sie amüsieren, sodass ich albern werde. Begeistern, wenn ich Verrücktes sage. Bestätigen mich, sodass ich mich richtig fühle. Ermutigen mich, etwas zu wagen. Erweitern meinen Horizont. Sie geben mir Sicherheit. Können so langweilen, dass ich einschlafe. Motivieren, neue Wege zu gehen. Machen neugierig auf neue Wege. Originelle regen meine Phantasie an. Schenken Geborgenheit. Verletzen, dass ich mich schützen werde.

Bin ich mir immer klar, welche Auswirkungen ich herbeiführen will, wenn ich rede? Drücke ich mich immer verständlich aus? Inspirieren ja diese meine Gedanken auch jemanden, so wie mich der Satz von Frau Bengis angeregt hat, gerade dies zu schreiben? Vielen Dank.

Werbung – Sowohl als auch

Gute oder schlechte

die falsche oder echte

beim Wählen meine Rechte

weniger Geld

kostet manchmal die Welt

oftmals mehr Schein

als Wirklichkeit sein

manch tolle Inspirationen

die sich lohnen

teils kunterbunt

für größten Schund

immer entscheiden

ohne danach leiden.

Mein farbenfroher Tag

So ein Tag wechselt die Farben. Ganz schön bunt. 2014 sah es an einem so aus.

Weißes Aufstehen

Himbeerrotes Kinderwachkuscheln

Ocker Frühstücken

Giftgrüne stressige Autofahrt

Dunkelgraue Trauerfeier

Tiefrote Umarmungen

Hellgrüne Entspannung

Royalblaues Gespräch mit Lehrerin

Quietschegelbe Kinderzeit

Schmutzigweiße Erschöpfung

Graublaues Essen nebenbei

Lindgrünes Schreiben in der Arche

Zu Hause Feierabend

blicke ich auf einen bunten Tag zurück.

Was nährt mich – Speisekarte für die Seele

Im Fastfoodimbiss

Gehetze, danke ich muss jetzt gleich weiter. Ja okay, ich habe keine Zeit. Ein anderes Mal. Die laute Musik schmerzt in meinen Ohren.

Gutbürgerliche traditionelle Gastronomie

Wir bestellen einen Tisch, verabreden uns und nehmen uns Zeit füreinander. Als Nachtisch gibt es Aufmerksamkeit für jeden. Wir wissen, was wir bekommen. Das Ambiente und der Service sind vertraut.

Internationales 4-Sterne-Restaurant

Geschmackvoll eingerichtet mit warmen Farben, im Hintergrund sanfte Klänge, wohlriechende Pflanzen, eine Bedienung, die uns die Wünsche von den Augen abliest. Das Essen ist eine Gaumenfreude. Wir spüren, wie es uns belebt. Die Frühlingssonne schickt wärmende Strahlen. Umgeben von Menschen, mit denen wir schweigen und auch lachen können. Das Dessert ist exotisch und wir sind begeistert von den Kreationen.

4 Tage Wellness all inklusive gewonnen

Wir können uns ganz nach Wunsch vom bunten Büfett bedienen. Es gibt Massagen, Ruhe, inspirierende Vorträge, Einfälle, positive Menschen, die begeistern, und zuvorkommendes Personal. Wir können tanzen, wandern, lesen, schreiben, ausschlafen, schwimmen – Luxus für die Seele.

Ode an die Zitrone

Viele verziehen nur das Gesicht und sagen, dass du sauer bist. Aber ich verstehe dich, ich wäre auch sauer, wenn alle so ein Gesicht machen. Dabei hast du auch ganz andere Qualitäten und bist ein Schatz. Das muss mal gesagt werden.

Dein Gelb leuchtet. Deine Vitamine verscheuchen die Viren. Dein Duft erfrischt. Manche erkennen, dass sauer lustig macht. Du bist sehr flexibel und gern unterwegs. Man kann dich treffen in Limonaden, Cocktails, in Duschgels, im Brausepulver, im Eis und an vielen anderen Orten. Du liebst auch die Gesellschaft von Äpfeln, Bananen und Orangen.

Ich mag dich und freue mich, dass es dich gibt.

Die Rechte der Kinder

Sie beschäftigen sich mit Kinderkram.

Dürfen sich kindisch benehmen.

Dürfen die Wahrheit ungeschminkt sagen.

Sich als Pirat und Schmetterling schminken lassen.

Lärm machen, toben, singen, albern sein und rumspinnen.

Das Leben genießen, weinen, unbekümmert sein und in den Tag leben.

Und wenn sie groß sind?

Dürfen sie sich weiter manchmal mit Kinderkram beschäftigen?

Sich kindisch benehmen?

Die Wahrheit ungeschminkt sagen?

Sich bunt anmalen lassen?

Bekommen sie bei Kummer weiter Trost?

Ist es weiter okay, wenn sie laut sind?

Dürfen sie weiter unbekümmert in den Tag leben?

Dürfen sie dann immer noch albern sein und spinnen?

Ist es erlaubt, wenn sie ihr Erwachsensein genießen?

Ich bin für gleiche Rechte für alle.

Ordnung

Es muss schon alles seine Ordnung haben. Was heißt seine Ordnung? Wer ist seine? Wie will „sein" es? Wie will ich es? Einerseits und andererseits.

Aufgeräumte Zimmer machen es leichter zu entspannen. „Also halte Ordnung." „Benimm dich."

„Ordnung ist nur was für Spießer." Geschirr kann bunt gewürfelt sein. Schief hängende Bilder gehen gar nicht. Wäsche muss nicht akkurat gebügelt und gefaltet sein.

Die Polizei sorgt für Recht und Ordnung. In einem Garten wachsen alle Pflanzen in Reih und Glied. Wildwuchs geht gar nicht.

Chaos macht kreativ. Unordnung erschwert das Konzentrieren. Phantasie fließt in freien Räumen.

Was für ein Durcheinander. Wie soll ich mich da entscheiden? Ich muss erstmal in Ruhe meine Gedanken sortieren.

Leben

Es war ein kleines Mädchen, das war neugierig und wollte viel vom Leben lernen. Sie machte sich auf den Weg, beobachtete und fragte viel.

Manche Menschen quälen sich morgens aus dem Bett, machen sich fertig für die Arbeit und schuften und schuften. Sie erklärten ihr, das machen sie für ein besseres Leben. Was ein besseres Leben ist ... Da kamen sie ins Stottern. Andere starrten aus dem Fenster und warteten, dass draußen etwas passiert. Manche reisen in die Ferne, um ihr Glück zu finden.

Einige wenige wirkten anders. Ja, sie sahen glücklich aus. „Was macht ihr?", fragte das kleine Mädchen.

„Setz dich, mein Kind! Wir sammeln Erlebnisse und schöne Momente. Wir freuen uns über Begegnungen, wie mit dir. Wir wissen, dass wir aus allem etwas mitnehmen können. Wir wollen ein volles Leben. Voll von Emotionen, von schönen und schmerzhaften. Schon zur Geburt gehören Schmerzen und dann kommt die Freude. Und das wiederholt sich immer wieder und immer wieder."

Das Mädchen bedankt sich. Wie sie sich wohl entscheidet?

Wütend

Ich bin quietschrot und habe Zacken. Und mich könnt ihr manchmal erleben. Ich bin die Wut. Ich komme, wenn es nicht so läuft, wie ich will. Wenn ihr mich nicht ausreden lasst. Wenn ihr mich ignoriert. Wenn ich alles total unfair finde. Dann seht ihr mich und könnt was erleben.

Ich stampfe wild wie Rumpelstilzchen mit den Füßen. Fast platze ich. Ich bin so unfair. Ich fühle mich so hilflos. Manches, was ich sage, tut mir später schon leid. Und mich zu entschuldigen, ist nicht so leicht.

Loslassen

Lass los und lasse mich mal machen. Das lässt mich nicht los. Dieses Los lasse ich. Ich nehme ein anderes dafür. Kann schön sein, wenn etwas fesselt und doll begeistert. Es kann einengen, wenn ich festhalte an Prinzipien, Traditionen, Erwartungen.

Menschen wieder loslassen, die mich ein Stück des Weges begleitet haben. Kinder loslassen. Mal ganz loslassen, alles rauslassen, Gefühle, Worte und Tanzen, egal was andere denken. Was die anderen denken. Frei sein. Was wäre möglich, wenn Frau Stress einfach mal loslassen könnte? Anspannung loslassen, Dampf ablassen.

Vorbilder sind mir da Laubbäume. Im Herbst lassen sie ihre Blätter los und vertrauen darauf, dass was Neues wächst. Auf los geht es los. Ich habe gewählt. Das ist mein Los.

Gesund

Sich bedanken

für gesunde Gedanken

ohne Schranken

Gesundheitswesen

bitte genauer lesen

gesundes Essen

nicht vergessen

gesunde Emotionen

in dir wohnen

und wenn sie ruft

geh an die Luft.

Erste Hilfe

Hatschi

Nase laufen

Tempos kaufen

schmerzender Zahn

Bohrer muss ran

statt Zigarette

nimm Schokorette

gar keinen Bock

auf Kälteschock

bei Aua im Ohr

Pause vom Chor

abends spät

besser Diät

zwickt der Rücken

vorsichtig bücken

bei weiteren Fragen

niemals verzagen

hilft mit Geschäker

Arzt und Apotheker.

Das Leben

Ein wissbegieriges Kind setzt sich zur Oma auf den Schoß und fragt: „Oma, was ist das Leben?" „Wir werden alle geboren und sind winzig klein und dann geht es los. Für jeden ist es ganz anders.

Manche Babys sind gewollt und willkommen.

Manche haben Geschwister, andere nicht.

Manche sind gesund, andere nicht.

Manche werden liebevoll getröstet, andere nicht.

Manche haben genug zu essen, andere nicht.

Manche wachsen mit beiden Eltern auf, andere nicht.

Manche erleben Frieden, andere nicht.

Manche finden Freunde, mit denen sie durch dick und dünn gehen, andere nicht.

Manche haben viel zu lachen, andere nicht.

Manche haben Ideen und setzen sie um, andere nicht.

Leben ist Arbeit.

Leben ist Pflicht.

Leben ist immer wieder neu dazu zu lernen.

Leben ist Erfahrungen zu sammeln.

Leben ist wachsen, nicht nur größer und dicker zu werden, sondern auch an den Aufgaben.

Leben ist selbstbestimmt.

Leben ist fremdbestimmt.

Leben ist ein Kompromiss.

Leben ist aushalten.

Leben ist die Kunst zu jonglieren.

Leben ist das mit … ".

„Oma, das ist so viel. Was ist das Leben für dich?"

„Mein Kind. Ich bin dankbar, freue mich über jeden Tag und gucke, was ich machen kann und welche Überraschungen das Leben parat hat. Ich genieße, was mir begegnet und ganz wichtig bist du mit deinen schlauen Fragen."

Leben ist Genuss

bis zum Schluss

mit Nuss

und Kuss

im Fluss.

Pharmareferent

Der Pharmareferent

er rennt und rennt

groß ist sein Willen

unters Volk bring'n die Pillen

die grünen und roten

erlaubt oder verboten

Hauptsache Gewinn

macht Sinn

sagen viele aber NO

endet die Show

kein Geld für die Miete

gilt jetzt als Niete

was soll er machen

mit all den Sachen

schluckt die Pillen selber runter

seine Welt wird davon bunter

und die Moral von der Geschicht?

Pharmareferent sein: das will ich nicht.

Menschen von A bis Z

Ängstigen

Berühren

Chatten

Delegieren

Ernten

Fragen

Grummeln

Handeln

Idealisieren

Jonglieren
Kommentieren
Labern
Musizieren
Nörgeln
Organisieren

Provozieren

Quengeln

Reagieren

Sabbeln

Tanzen

Ulken

Vertrauen

Wundern

Zaudern

Haus Spätlese

Es war ein trüber Tag in der Seniorenresidenz. Die Greisen ließen sich wie oft berieseln vom öden Nachmittagsprogramm auf Sat 2. Einige nickten ein. Otto schnarchte mit Trude um die Wette. Brunhilde verdrehte genervt die Augen.

Der Zivi Tobi arbeitete eine geraume Zeit im Haus – und hatte heute Spätdienst. Er hatte die Insassen schon eine Weile im Blick. Und dann. Aufgeregt und energisch schritt er zur Glotze und schaltete ab. Mit seiner roten Trillerpfeife pfiff er so laut, sodass sogar die Schnarcher erschrocken aufwachten. Er war genervt und rief: „Bewegung, Bewegung! Ich will Tanzen lernen und für eine Tanzschule reicht mein Geld nicht. Wer bringt mir das bei? Jeder Lehrer darf eine Runde auf meinem Motorrad mitkommen."

Stille … Sein Herz pocht … Stille … Noch lauter pocht es … Immer noch Stille …

Mit weitaufgerissenen Augen starren ihn die Alten an. Und plötzlich springt OTTO auf: „Komm, mein Junge, eins, zwei, drei."

Und dann Brunhilde: „Ich will zuerst, Tobi, mein Guter, lass uns das Tanzbein schwingen … "

Digitale Feier

Die Festplatte war feierlich geschmückt. Theresa hatte sich für die Deko mit den Mäusen entschieden. Gar nicht so einfach, die auf die Tischdecke zu drucken. Farblich fügte sich perfekt die Grüne Kerze ein. Oh mein Gott. Kurz nicht aufgepasst, weil sie eine Nachricht bekam. Die Kerze kippte um und gerade rechtzeitig konnte sie die Kerze löschen. So entstand kein großer Schaden. Franz hatte ihr viele Grüße gesendet und eine Torte geschickt. Mit der Schrift hatte sie sich selbst übertroffen. Heute bleibt der Bildschirm aus. Nur noch das Smartphone ans Netz anschließen und dann die Fotos und Memos speichern für die Ewigkeit.

Das Gewehr

Das Gewehr

ist nicht schwer

sagt der Mann

er kann

damit schießen

und es genießen

jemanden zu schlagen

an manchen Tagen

und mit der Zeit

eine Kleinigkeit

ganz viele töten

ohne Erröten

besonders die Reichen

werden zu Leichen

erwischt von der Polizei

ist es vorbei

ganz schnelle

ab in die Zelle

aus und vorbei

mit der Vielmörderei.

Ich habe ein Kind von Dir ...

„Ich habe ein Kind von Dir getroffen."

„Ja welches denn?"

„Äh. Wie viele hast du denn?"

„Na, mit Tamara sind es jetzt fünfzehn."

„Oh mein Gott, beim letzten Mal waren es erst fünf."

„Alles nach Plan, wen hast du getroffen: Willi, Billy, Bert, Gerd, Anne, Susanne, Bine, Tine, Rike, Mike, Till, Bill, Grit, Brit oder Tamara?"

„Oh"

„Also, wen hast du getroffen und wo seid ihr euch begegnet?"

„Also, wir sind uns nicht so begegnet."

„Aber das hast du doch gesagt ... "

Ich druckse herum.

„Ich habe ein Kind von dir getroffen."

Ich senke den Blick, die Worte wollen nicht raus. Bella starrt mich plötzlich mit angstgeweiteten Augen an. Ich stammele, mein Puls rast.

„Also, ich bin neuerdings im Schützenverein."

Wahlrecht

Angetreten zur Wahl sind die Kandidaten mit ihren Wahlprogrammen.

Die Angsthasen: Wir sind überzeugt, dass die Welt sehr schlecht und gefährlich ist. Misstraut anderen Menschen.

Die Diktatoren: Alles hört auf mein Kommando.

Eierköpfe: Wir können uns nicht entscheiden und reden und reden und diskutieren nächtelang.

Komplimenteschenker: Unser Konzept – sage den anderen etwas Nettes und dann bekommst du es zurück.

Meckerköpfe: Beschwert euch. Wir leben davon, dass wir andere schlecht machen. Wir sind die Besten.

Nein-Sager: Wir sind dagegen, und wenn einer mit einer Idee kommt, lehnen wir sie alle ab.

Schwermacher: Wir legen euch Steine in den Weg, damit es auch richtig anstrengend wird.

Selbstbestimmer: Wir sind für freie Meinungsäußerung. Jeder sagt was er möchte und hat die Chance, es zu bekommen.

Zweiniger: Wir respektieren andere Meinungen.

Wer wird wohl meine Stimme bekommen?

Polizist und Mönch

Heute tauschten sie ihre Rollen. Der Leiter des Kommissariats, Knut Knitter, schlüpfte in die Kluft und der Vorsteher des Klosters aus dem Tibet, Ruhe Pol, zog die Uniform an. Knut Knitter sollte mit den Teilnehmern meditatives Gehen üben. Mönch Ruhe Pol auf Streife. Er überließ Kommissar Ernst Ehrgeiz das Lenkrad. Die Uniform engte ihn ein und am Gürtel trug er Funkgerät, Schlagstock und Pistole mit sich herum.

Funkspruch: Prügelei am Bahnhof. Wir brauchen Verstärkung! Mönch Ruhe Pol atmete wie gewohnt tief in den Bauch ein und aus, ein und aus, ein und aus. Ernst Ehrgeiz brüllte wie gewohnt die Randalierer an. Mönch Ruhe Pol näherte sich leichten Schrittes – was nicht so einfach war mit den schweren Schuhen, dem Ort des Geschehens, und lächelte und lächelte und lächelte. Ja, und dann fing er an zu lachen und zu lachen.

Ernst Ehrgeiz genervt, verwirrt. Die prügelnden Männer guckten auf. Dieser Polizist. Was soll das denn? Wollte dieser Ordnungshüter sie verarschen? Er lenkte sie ab und sie konnten gar nicht mehr so zuschlagen, wie sie wollten. Und dann: Sie fingen an zu grinsten und das Grinsen breitete sich aus.

Ja, und der Kommissar Knut Knitter. Er fror und fror in der Kluft und verfluchte den Moment, als er sich auf das Experiment eingelassen hatte. Meditatives Gehen für Fortgeschrittene. Zehn Frauen blickten ihn erwartungsvoll an. Er brüllte aus voller Kehle. Aufstellen in Zweierreihe, zack zack, alles hört auf mein Kommando!

Talente

Jente

die konsequente

Quietscheente

hat viele Talente

leider verpennte

sie bis zur Rente

coole Momente.

Talentesupermarkt

Bequemes Schuhwerk für die, die auf dem Weg sind.

Brillen in allen Sehstärken für mehr Durchblick.

Ein Kompass für die Orientierung.

Energiedrinks für die, die Kraft für Neues brauchen.

Farbenfrohe Tischdeko für die, die Gäste einladen wollen.

Hängematten für die, die eine Pause brauchen.

Inlineskates für die, die schneller vorankommen wollen.

Kameras für die, die neue Motive festhalten wollen.

Klebstoff für die, die gerne was verbinden.

Kreuzworträtsel für die, die ihr Gehirn trainieren wollen.

Lutschbonbons für die Sänger.

Mikrofon für die, die was zu sagen haben.

Pinsel und Papier für die, die zeichnen.

Ratgeber für die, die was dazulernen wollen.

Rezepte für die, die gerne kochen und backen und Anregungen suchen.

Smartphones für die, die mit anderen in Kontakt sind.

Sprüchekarten für die, die Inspirationen wünschen.

Stifte und Notizblöcke für die, die schreiben wollen.

Warndreiecke für die, die sich mehr abgrenzen wollen.

Karl und Gustav

Sie trafen sich im Tierpark in Potsdam Babelsberg. Die Giraffe Karl und das Krokodil Gustav. Seit Monaten waren sie unterwegs auf der Suche nach einer neuen Bleibe. Und was hatten sie schon alles erlebt. In einem Tierpark waren die Türen so klein, dass Karl sich immer den Kopf stieß und öfter in die Rettungsstelle musste mit Kopfplatzwunden. Gustav hingegen nervte dort das Apfelangebot. Nur Pink Lady und man weiß ja, wie schädlich einseitige Ernährung für Krokodile ist.

An einem anderen Ort wiederum waren nur arrogante Tiere, die die beiden immer nur abschätzig beäugten. Im Zoo in Gumsbach Regeln über Regeln. Wecken um 6.30 Uhr. Pflichtprogramm für alle Tiere und mittags Tangokurs. Ja und dann in Reinigenstadt gab es einen strengen Putzplan. Krokodile sollen Löwenkäfige sauber machen und in der Verantwortung der Giraffen lag der komplette Sanitärbereich.

Und jetzt in Potsdam Babelsberg? Müde und skeptisch klingelten sie. Ein kleiner Pfleger öffnete das Tor und strahlte sie an. Ihr müsst Karl und Gustav sein? Ich bin Richard. Sprachlos schauten die beiden sich an und vergaßen das Atmen für einen Moment. Gustav riss das Maul auf. Das wirkte bedrohlich, aber Richard lachte laut und gewinnbringend.

Langsam fanden beide Freunde wieder zu sich und genossen die Führung durch den Park. Weiträumig, alle Tore Mindesthöhe 8 Meter, sodass Karl aufrecht schreiten konnte und alles im Blick hatte. Ja und dem Gourmet Gustav lief das Wasser im Maul zusammen, als der den Speiseplan las. Neben Äpfeln gab es Köstlichkeiten über Köstlichkeiten. Ob die Reise zu Ende war?

Rotes Ampelmännchen

Bei Rot bleibe stehn, bei Grün kannst du gehen. Das rote Ampelmännchen hatte es satt. Immer regungslos. Seit Jahren im Stillstand. Die Gelenke waren eingerostet. Alles tat weh. Wie gerne wollte es sich mal bewegen. Aber nichts. Nicht mal nachts konnte es abschalten, weil es an einer vielbefahrenen Straße zu Hause war. Ja und wie die Leute es oft erschreckt anschauten?

Und immer wieder gab es Menschen, die es ignorierten. Erst neulich. Ein junger Mann trödelte verträumt über die Straße. Mit quietschenden Reifen versuchte ein neongelber Smart noch zu bremsen, aber – keine Chance. Es knallte, das Blut spritzte. Wie immer filmten sensationsgeile Menschen das Geschehen. Und das rote Ampelmännchen stand da, es wollte brüllen: Leute ruft die 112! Aber nichts ging ...

Vorstellung/ Einstellung

Ich sehe das Plakat. Hereinspaziert zur Vorstellung „Tipps und Tapps". Künstlerinnen der Superlative. Ich habe keine Vorstellung, was mich erwartet. Ich könnte mir vorstellen, dass sie zwei Clowns sind.

Ich stelle mich auf einen heiteren Abend ein. Alles besser als einsam durch eine Stadt im Regen zu laufen. Ja und „Tipps und Tapps" klingt nach Humor.

Gleichzeitig hinter der Bühne Tipps zu Tapps: „Vorstellung ist wieder ausverkauft. So ein Mist. Haben sie eine Vorstellung, wie nervig es ist, Tag für Tag im Rampenlicht zu stehen? Die Augen tränen vom grellen Bühnenlicht. Das Kleid zwackt an allen Stellen. Nur weil das Essen so lecker ist."

Und Tapps: „Immer dein Gejammer. Seit Jahren predige ich. Ändere deine Einstellung zu unseren Vorstellungen. Das Publikum liebt uns, wir verdienen Geld und müssen für unsere Auftritte nicht reisen."

Tipps verdreht die Augen. „Ich kann dein positives Gequatsche nicht mehr ertragen. Dieses Stück Tipps und Tapps – 2 Schritte bis zum Abgrund, treibt mich fast in den Wahnsinn."

Und ich warte sehnsüchtig auf den Gong und das sich der Vorhang öffnet.

Warterei

Wer hat schon alles auf den Plätzen gesessen? Halte den Platz frei. Ich werde aufgerufen. Muss warten, bis ich aufgerufen werde. Das Flugzeug hat Verspätung. Mein linker linker Platz ist leer. Ich wünsche mir ... her.

Ich kann es oft nicht beeinflussen. Was mach ich mit der Wartezeit? Muss ich sitzen bleiben, kann ich nicht losgehen? Einen anderen Weg nehmen? Trampen? Taxi fahren? Auto mieten? Was wollte ich immer schon machen? Kann ich singen? Ich habe noch keine Idee. Mir ist langweilig. Kindern sagt man, dass es gut ist, sich zu langweilen, dann kommen irgendwann die Ideen. Ob das auch für mich gilt? Noch habe ich keine Idee. Es stockt. Ich kann fotografieren, Menschen beobachten, Tagebuch schreiben, mir Geschichten ausdenken, wo die anderen hinwollen. Wie sie wohl heißen? Ob es ihnen gut geht? Worüber sie sich wohl freuen würden? Ob ich hingehe und frage?

Buchstaben und Worte

Buchstaben wollen aufs Papier. Konsonanten können nicht alleine. Mit Vokalen macht es erst Sinn. Adjektive legen Wert auf eine genaue Beschreibung. Die harmonischen Unds sind für Verbindungen. Die Kommas trennen, wenn es ihnen zu viel wird. Das Fragezeichen ist oft ratlos. Das selbstbewusste Ausrufezeichen macht klare Ansagen. Irgendwann muss Schluss sein, sagt der Punkt. Ja genau, stimmen die „Gänsefüßchen" zu.

In welcher Bar treffen wir uns heute?

Wo treffen wir uns heute? In der ...

Angreif BAR

Berühr BAR

Brauch BAR

Dank BAR

Denk BAR

Erreich BAR

Ersetz BAR

Form BAR

Frucht BAR

Genieß BAR

Kontrollier BAR

Mach BAR

Streit BAR

Umsetz BAR

Verletz BAR

Wunder BAR

Zumut BAR

Oder anderen Vorschlag?

Ein cooler Elefant

Ein mega cooler Elefant
kaufte sich vom Flaschenpfand
ein quergestreiftes Festgewand
wusste dass es ihm sehr stand
fand sich furchtbar elegant
wählte Cabriotrabant
ein paar meinten zu extravagant
die meisten sind da tolerant
fuhr sehr lange bis zum Strand
in ein weit entferntes Land
hat sich super dort entspannt
nur den Rüssel sich verbrannt
da half nur ein Gipsverband
so wirkte er sehr interessant
die Leute außer Rand und Band
verfolgten ihn ganz penetrant
das war zu viel und so verschwand
er blitzeschnell und ganz galant.

Begegnungen

Frau Grün beobachtete von ihrem Balkon aus die beiden schon seit Wochen. Ihre Wege kreuzten sich fast täglich. Fast konnte sie die Uhr nach den beiden stellen. Zwischen 8.15 und 8.21 Uhr trafen sie sich vor ihrem Haus. Aber die beiden merkten es nicht. Er tippte jedes Mal süchtig nach den neusten News wild auf dem Smartphone. Sie mit ihren roten Kopfhörern summte und wippte verträumt zu den Songs. Frau Grün gefiel die Playlist der jungen Frau. Aber immer liefen sie aneinander vorbei.

Bis heute. Die junge Frau trällerte ihr Lied laut und voller Hingabe. Und er? Stutzte. Was war das? Er las auf seinem Smartphone und dabei hörte er seinen Lieblingssong.

Er guckte auf und sah sie, die selbstvergessen mitten auf dem Gehweg sang und sich wild bewegte. Perplex schaute er zu diesem Wesen – die kam doch von einem fremden Stern. Regungslos mit offenem Mund staunte er. Und sie? Bemerkte ihn gar nicht. Ganz bei sich bog sie um die Ecke und mit ihr die Melodie.

Langsam kam der Mann wieder zu sich. Blickte auf die Uhr. Er musste sich sputen, um die Bahn noch zu kriegen. Und Frau Grün? Sie freute sich auf morgen früh.

Leben mit dem Virus

Das Virus Teil 1 – 2042

Ich bin 72 Jahre alt und meine Enkeltochter will wissen, wie es 2020 war. „Das wird eine längere Geschichte". Die Kleine sagt: „Egal, Oma, ich höre dir gerne zu."

„Es gab da diesen Virus, der alles durcheinander brachte und das Leben neu regelte und begrenzte. Meine Stimmung schwankte hin und her. Anfangs war ich dankbar, was ich alles vorher schon erlebt hatte. Die Vorstellung, gar nicht vor die Tür zu gehen, engte und gruselte mich, ich brauchte Luft zum Atmen. Viel Mitleid lähmte mich zwischendurch. Die Menschen hatten unterschiedliche Gesichter. Manche Kontakte vertieften sich, andere brachen ab. Alle waren gefordert, mit der Situation umzugehen.

Mir halfen die Natur, Begegnungen mit manchen Menschen und wiederbelebende Erlebnisse. Es gab nur wenige Treffen. An diese erinnere mich voller Dankbarkeit. Mit anderen etwas gemeinsam zu machen. Das war so kostbar. Manchmal fehlte mir die Energie. Ich brauchte so viel Geduld.

Wie du weißt, bin ich hochsensibel und werde immer dünnhäutiger. Ich spürte, was die Menschen brauchen. Suchte aber selber nach Oasen, um immer wieder aufzutanken. Das gelang mal besser, mal schlechter, und wie du die Oma kennst, hat die Oma ja Humor und den ließ sie sich nicht nehmen. Der half ihr immer wieder.

Es waren Menschen für mich da. Mir half das Gefühl der Verbundenheit. Da erinnere ich mich an ganz schöne, intensive Momente. Ja und ich vertraute mehr meiner Intuition. Schritt für Schritt setzte ich meine Idee mit der Plattform um, die inzwischen ja sehr bekannt ist. Das war mühsam, aber ich bin drangeblieben. Aber Schluss für heute, ab ins Bett."

„Schade Oma, aber versprichst du mir, bald mehr zu erzählen?" „Ja, versprochen mein Kind." „Versprochen ist versprochen und wird auch nicht gebrochen." (Seite 106)

Schreiben vergessen

Oh, Schreiben vergessen

habe stattdessen

im Park gesessen

Schokolade gegessen

ich lass mich nicht stressen.

Rechtwinklige Perspektive

Einmal 90 zweimal 45 Grad

klappt das denn mit dem Spagat?

Nein ich werd mich doch verstecken

bei diesen anspruchsvollen Ecken

das Recht auf winklige Perspektive

oh wie ich das immer liebe

vieles mal ganz anders sehen

bisschen mehr die Welt verstehen

von da unten aus betrachtet

ich die Winkel hab verachtet

guck ich von oben auf die Winkel

seh ich wachsen neuen Dinkel

neben rechts gibst auch die Linke

so nun Schluss und winke winke.

Die vier Besten – Tagesresümee

Schon wieder soll ich mich entscheiden

das kann ich überhaupt nicht leiden

Medaillen für die ersten Drei

die Vier ist nicht mit dabei

kam etwas langsamer ins Ziel

das sagt nicht wirklich viel

fühl mich glücklich mit dem Platz

fand einen wunderbaren Schatz

und mein Tagesresümee

in Ruhe ich oft viel mehr seh.

Gleichschenklige Bausteine

Oberschenkel oder Unterschenkel

beide gleichlang oder nicht

wohlgeformt oder mit Krampfadern

behaart oder glattrasiert

bedeckt oder sichtbar

beweglich oder steif

wichtig für den Stand

wacklig oder stabil

tragende Bausteine hoffentlich auf gesunden Füßen

sonst wird das nichts

verbunden mit all den anderen Steinen

in vielen Farben, Formen und Größen

viel Spielraum.

Umfangvermessung und Taillenmaß

Das Schweinchen so viel Pommes aß

den Frühsport jeden Tag vergaß

der Fleischer nahm das Taillenmaß

mach weiter so, du beißt ins Gras

dem Tier die Sakramente las

dem Schweinchen wurde da ganz bange

macht seitdem Poledance an der Stange

läuft schneller nun und viel viel weiter

hüpft herum ist so sehr heiter

es rennt bergauf und ab ganz lang

nach Wochen ist es fit und schlank

der Fleischer kann es gar nicht fassen

nichts wird's mit fetten Schweinemassen

weint verzweifelt ganz im Stillen

kann das Tier nicht heute grillen

muss wohl noch lange lange warten

auf einen leckren Schweinebraten

und das Tier das ist so froh

lange soll es bleiben so.

Geduld

Meine liebe Geduld, habe ich mich bei dir schon mal bedankt? Du warst und bist immer für mich da. Als Kind das sehnsüchtige Warten auf den Geburtstag, Weihnachten und die Ferien. Damals schrieb ich noch viele Briefe und entsprechend war ich neugierig auf Antworten. Eigentlich ist das geblieben, dieses Warten. Manchmal dauerte das schon ziemlich lange.

Schwangerschaft 9 Monate, die Ungewissheit auf den Nachwuchs. Würde alles gutgehen und das Kind gesund sein? Zwei sind es und es ist ein Marathon, die beiden zu begleiten. Es war selbstverständlich, die Bedürfnisse der beiden an die erste Stelle zu setzen. Immer wieder durchkreuzen sie auch jetzt noch meine Pläne.

Bei Krankheiten brauchten Ärzte immer wieder mal länger, die richtige Diagnose zu finden. Ja und Heilung, bei emotionalen Wunden, ging und geht auch nicht von heute auf morgen.

Liebe Geduld, mit mir hast du auch schon zu tun. Bis ich manchmal die Initiative ergreife, den Mut und die Klarheit habe, mich zu entscheiden. Du leistest wirklich was.

Ich brauche dich auch beim Warten auf den passenden Moment etwas anzusprechen. Ja und bei Menschen, die ohne Punkt und Komma reden. Das ist manchmal so anstrengend.

Ja und dieser Virus. Die nächste riesengroße Geduldsprobe. Du bist urlaubsreif. Ich weiß. Du verdienst Auszeit im Wellness Resort. Bekommst du bald.

Vieles muss erstmal reifen. Ich auch. Da fehlt mir die Motivation, etwas zu machen. Hast du, liebe Geduld, dann auch Geduld mit mir?

Ohne dich geht gar nichts. Sag bitte, wenn es dir mal zu viel wird. Bitte, falls ich es nicht mitbekomme und ich dich zu sehr strapaziere.

In der Kurve

Mittendrin, besser das Tempo drosseln, noch ist nicht klar, was uns am Ende erwartet. Puls rasend schnell. Die Spannung steigt. Panische Vorfreude. Kommt was entgegen? Vielleicht endlich unsere Chance? Oder ein Geisterfahrer, dem wir nicht ausweichen können?

Blitzartig erinnere ich mich an die geprüften Sicherheitsgurte und die Airbags für den Fall aller Fälle. Schweißgebadet. Und dann – mein Blick auf das Tachometer zeigt, dass ich jetzt gerade mal 20 Kilometer die Stunde fahre. Die Straße streckt sich auf einmal wieder sanft zu einer Geraden und ist umgeben von leuchtenden Rapsfeldern.

Mein Wecker klingelt ...

Da wackelt mir die Wirbelsäule

Ist das ein gutes oder schlechtes Zeichen? Kommt ganz drauf an. Es passieren ja leider immer wieder auch schwere Unfälle. Bei manchen brechen dabei Wirbelkörper und der Stützapparat verliert an Stabilität. Ist ja bekannt, dass als Folge lebenslange Lähmungen nicht unwahrscheinlich sind. In diesen Fällen ist das Wackeln der Knochen dreimal doof.

Für die eingerosteten, bequemen Artgenossen wurde das elektrische Wackelbrett erfunden. Sie müssen sich lediglich auf eine Platte stellen, das Gleichgewicht halten und ein Motor übernimmt das Schütteln.

Ganz anders kann es sein, wenn Menschen sich freiwillig tanzend bewegen. Wilde Trommelrhythmen unterstützen dann die Beweglichkeit des Körpers. Die Wahrscheinlichkeit, dabei Glückshormone auszuschütten, ist relativ groß.

Die, die nicht zu faul sind, favorisieren die dritte Variante. Und du?

Kinderfrei

Endlich mal allein zu Hause

von den Kindern eine Pause

Zeit für mich will ich genießen

ob die Worte leichter fließen

muss ich mich denn dafür schämen

ich entscheide mich dagegen

ist ungewohnt und sehr verwegen

jetzt geht es wirklich nur um mich

lecker schmeckt der Bienenstich.

Ertragen

So lang hab ich es ertragen

immer wieder neue Plagen

werde ich es heute wagen

oder doch erst in paar Tagen

nee verdammt mir platzt der Kragen

alles Doofe werd ich sagen

werden wir uns dann vertragen

werde ich die Zukunft fragen.

Düstere Aussichten

Die Menschen perfektionierten sich darin, sich das Leben schwer zu machen. Es gab da verschiedene Disziplinen. Beliebt war es, sich gegenseitig Vorwürfe zu machen. Immer vom Schlimmsten ausgehen war auch verbreitet. Höflich miteinander umgehen, ging gar nicht mehr. Sich wirklich in die Augen zu schauen, kam auch nicht mehr vor. Angesagt war das Kommunizieren ausschließlich von Destruktivem. Auf keinen Fall ehrlich teilen, wie es einem wirklich geht.

Die Menschen stellten sich selbst und andere nicht mehr die Frage. Reagieren auf Wünsche selbstverständlich total verpönt, wäre ja noch schöner, dem anderen einen Gefallen zu tun. Alle lebten isoliert und bewegten sich schwerfällig durch die Zeit. Sie vergaßen, was Spaß machte. Die Bereitschaft, einander zu verstehen, war erloschen. Wer es am längsten mit Schweigen und Ignorieren aushielt, galt als Held.

Nur ganz wenige Menschen hielten sich nicht an die Regeln und verwirrten die Massen mit ihrem Verhalten. Ob sie was ausrichten können?

Hilfe, ich bin normal

Was heißt es, normal zu sein?

Ist es normal, dass ich noch Fragen stelle?

Normal, dass mir manches den Schlaft raubt?

Normal, dass ich denke und fühle, ein Mensch bin?

Ist es normal, etwas zu schreiben?

Normal, meinen Impulsen zu folgen?

Ich oft keine Lust auf Haushalt habe?

Für mich ist vieles normal.

Gibt es eine Verordnung, so wie das Grundgesetz?

Normal ist es, anders zu sein.

Findest du das normal?

Herrlich, ich bin verrückt

Ich begeistere mich noch, spreche noch Menschen an. Ich stelle Fragen, denke kreuz und quer, mache Quatsch. Wo sind die anderen Verrückten? Schon alle eingesperrt in der Psychiatrie, weil die Normalen sich vor Verrückten fürchten? Werde ich auch bald eingewiesen? Wie kann ich das verhindern? Sicherheitshalber doch auch selbst normal sein. Vorsichtig halte ich Ausschau nach anderen Verrückten. Ganz selten finde ich sie. Es ist zum Verrücktwerden.

Kreativität macht schlank

Bei Facebook postete neulich jemand: „Wenn Du Deine Kreativität und Dein Talent vergeudest, macht sich dies durch Gewichtszunahme bemerkbar."

Ist das nicht genial, wie wir Einfluss auf unsere Figur haben. Kreativ Kalorien verbrennen? Zwei Fliegen mit einer Klappe, großartig.

Ich höre deutlich die hartnäckigen, skeptischen Einwände. „Ich bin nicht kreativ" oder „Ich habe keine Talente" oder „Dafür habe ich keine Zeit" oder „Erst die Arbeit, dann das Vergnügen" oder „Das mache ich, wenn die Kinder aus dem Haus sind" oder „Es interessiert doch eh keinen" oder „Andere sind viel besser" oder „Ich bin so erschöpft" oder „Ich fühle mich gestresst". Irgendeinen vergessen?

So und jetzt? Du kannst entscheiden, zunehmend mehr gelebte Kreativität und abnehmende Kilos, oder alles bleibt, so schwer wie immer.

Aushalten

Aushalten, den Gefängnisaufenthalt. Ich sagte, was mich beschäftigt.

Aushalten, die Tage verstreichen im Einerlei. Einer tut dem andern gleichen.

Aushalten, die Mithäftlinge, meckern nur und haben ihr Strahlen verloren.

Aushalten, die Menschen gehen nicht aufeinander zu.

Aushalten, es ist hier so eng.

Aushalten, es ist niemand da, der sich von meiner Begeisterung anstecken lässt.

Aushalten, ich bekomme keine Farbe, um meine Wände farbig zu gestalten.

Aushalten, es gibt täglich Einheitsbrei.

Aushalten, dass das Essen mich nicht nährt.

Aushalten, nur 10 Minuten Ausgang auf dem dunklen Hof.

Aushalten, das Unterdrücken meiner Gefühle und Impulse. Aushalten, die Unterbrechungen beim Schreiben.

Aushalten, wöchentliche Pflichtbesuche langweiliger Theaterstücke.

Ich halte das nicht mehr aus. Bloß raus hier. Ich breche aus.

Hochsensibel

Du bist auch hochsensibel? So kannst auch du dir es garantiert schwerer machen.

Beiße dir lieber auf die Zunge als anzusprechen, was dich beschäftigt.

Bleibe in einem Job, der dich langweilt und unterfordert.

Blockiere deine Schöpferkraft aus der Erfahrung, dass es keiner versteht.

Denk bloß nicht, dass du einzigartig bist.

Erfülle immer die Erwartungen deines Umfelds.

Glaube den anderen, das Fühlen eine Schwäche ist.

Halte Lautstärke und vielseitige Geräusche immer aus.

Höre auf, auf Fragen zu warten.

Höre geduldig allen Menschen zu, auch wenn du keine Zeit hast und es dich nicht interessiert.

Ignoriere auf jeden Fall deine Intuition. Die spinnt doch.

Lass dich jederzeit verunsichern.

Mach es wie alle und verabschiede dich lebenslang von deiner Begeisterung.

Nimm es bitte persönlich, wenn dich alle ignorieren.

Pausenzeiten sind überflüssig.

Sei gewiss, dass es keinen gibt, der dich versteht.

Unterdrücke deine Impulse, dich kreativ auszudrücken.

Verbiete dir, um die Ecke zu denken.

Verrate keinem, was dich verunsichert und verletzt.

Verstecke deine Emotionen vor dir und anderen.

Zeige kein Interesse mehr an deinem Umfeld.

Zweifle bitte konsequent an deiner Wahrnehmung.

Einverstanden?

Hoffentlich nicht.

Auf ins Unglück

Baue dir besondere Hindernisse in den Weg.

Bleibe sicherheitshalber in deiner Komfortzone.

Denke und handle extra kompliziert.

Dramatisiere jede Kleinigkeit.

Finde kreative Ausreden, Sachen nicht zu tun.

Fürchte dich davor, was du auslöst, wenn du was sagst.

Gehe davon aus, dass die anderen sowieso nichts mit dir anfangen können.

Gib gleich auf, wenn es nicht beim ersten Mal klappt.

Glaube bloß nicht an dich.

Glaube bloß nicht, dass dich jemand mag.

Habe Angst zu fühlen.

Ignoriere deine Intuition.

Ignoriere deine Lebenserfahrung.

Im Dunkeln kannst du dich nicht konzentrieren.

Ja, es interessiert sich keiner für das, was du machst.

Kreiere dramatische Szenarien.

Lass dein Leben von der Angst bestimmen.

Lass dich von der Fülle erschlagen.

Lass dich von der kleinsten Disharmonie verunsichern.

Lass immer anderen den Vortritt.

Lenke dich geschickt von deinen Ideen ab.

Mach dein Leben von anderen Menschen abhängig.

Mach es dir schwer und schwerer.

Mach nichts, dann kannst du auch nichts falsch machen.

Nimm jedes Verhalten persönlich.

Pflege das Gefühl der Enttäuschung.

Resigniere immer sofort.

Schiebe jegliche Verantwortung von dir.

Sei dir sicher, dass dir keiner helfen wird.

Sei gewiss, dass dich keiner wahrnimmt.

Sei lange nachtragend.

Sei niemals clever.

Sei vorab genervt.

Setze niemals Ideen um.

Steigere dich richtig rein in das Drama.

Unterstelle den anderen immer böse Absichten.

Verbiete dir deine Rolle selber zu besetzen.

Vergiss verlässlich alle Komplimente.

Vergeude viel Zeit mit Dramen ausmalen und Selbstmitleid.

Vergiss die Brille der Begeisterung.

Vermeide konsequent Dinge anzusprechen.

Zeig dich nicht den anderen.

Zweifle immer an dir.

Sinnsibel

Unsere Sinne

sind ein Gewinne

oder auch Qual

Komfortzone schmal

so vieles spüren

quietschen der Türen

und die vielen Emotionen

immer wieder schonen

kann schon stören

alles zu hören

bei meinem Bäcker

schmeckt manches lecker

will mich verkriechen

empfindlich beim Riechen

immer wieder Stille

das ist mein Wille

heut wirklich gar nichts sehn

kann mich jemand da verstehen?

werd es mir schenken

ein Tag ohne Denken

Unter dem Schädel

Blitzschnell ist da immer was los. So schnell kann ich gar nicht gucken. Gerade voll konzentriert am Denken und Arbeiten und plötzlich klingelt das Telefon. Alarm, Alarm, der Puls schnellt in die Höhe, bevor ich bis drei zählen kann. Wer will da was von mir? Habe ich was verbrochen? Muss ich ganz schnell mich um etwas kümmern, wonach mir gerade gar nicht ist? Meldet sich da jemand und sagt, dass meinen Kindern etwas passiert ist?

Man, bin ich phantasievoll. Erstarrt schaue ich auf das Display. Und? Greife mir mutig ein Herz und melde mich ängstlich bei der unbekannten Nummer. Am anderen Ende höre ich dann die vertraute, fröhliche Stimme meiner besten Freundin: „Helma, mein Bruder hat mir seinen Apparat geborgt, um mich kurz bei dir zu melden. Ich freue mich so sehr auf unser Picknick nächsten Sonntag. So, nun lass dich nicht stören. Tschüßi."

Mir fällt langsam wieder einmal ein riesengroßer Stein vom Herzen. Immer wieder passiert es mir. Wünschte ich wäre cooler, wenn es klingelt. Ich gebe die Hoffnung mit mir nicht auf. Oh, es läutet an der Tür ...

Erinnern an Eisdielen

Kinder, wie die Zeit vergeht. Man, waren das noch Zeiten, im letzten Jahrtausend brauchte ich mich nur zwischen 3 Sorten zu entscheiden. Vom Eisverkäufer vor der Schule bekam ich für 50 Pfennige die Mischung aus Schoko, Vanille und Frucht. Erinnert ihr euch auch daran? Die Waffeln hatten diesen leicht pappigen Geschmack. Die Gefahr, dass sie zu schnell durchweichten und es klebrig tropfte, war riesengroß. Irgendwann gab es minikleine, verschiedenfarbige Eislöffel mit Vornamen. In der DDR gab es auch ANTJE-Löffel. Freute mich und hegte und pflegte sie. Aber über die Jahre sind alle verloren gegangen. Ist okay so.

Irgendwann kam der Westen, die Preise und die Auswahl wuchsen. Und ich wurde Mutter. Mit kleinen Kindern Eisdielen besuchen. „Mama, wie viele Kugeln darf ich?" Zeitweise war Schlumpfeis hoch im Kurs. Mich schüttelte es beim Anblick vom leuchtenden Blau. Ich sah die künstlichen, chemischen Inhaltsstoffe. Gruselig. Ließ sie aber die Erfahrungen machen. Beide sind nun fast erwachsen, gesund geblieben und haben zum Glück inzwischen auch mehr Appetit auf Natürliches.

Selten lockt es mich an eine Eisdiele. Aber wenn mal, dann schlecke ich genüsslich. Schon schön, die Chance auf mehr Auswahl. Manchmal bin ich begeistert von neuen Kreationen. Meistens wird es minzig oder schokoladig.

Beim nächsten Mal bestelle ich einmal gemischt. Freue mich auf die Verwirrung, die ich da bestimmt auslöse. Auja, das mache ich.

Herbstglück

Der Herbst war jedes Jahr aufs Neue verwirrt über die Reaktionen der meisten Menschen auf ihn. So ein tolles Image hatte er nicht. Dieses Gemeckere immer, dass die Tage wieder kürzer werden, es so viel regnet und so kalt wird. Wie blind sie doch waren. Unverständlich.

Aber den Herbst brachte es nicht aus der Ruhe. Er hatte sich ein dickes Fell angelegt. Sein Selbstvertrauen war gesund. Sein Immunsystem intakt. So prallten all die doofen Bemerkungen an ihm ab. Großartig. Immer wieder freute er sich, wenn der Sommer ihn kontaktierte und um die jährliche Ablösung bat.

Die beiden mochten sich sehr. Tauschten sich bei sonnengereiftem, fruchtigem, selbstgepresstem Orangensaft lebhaft über alle Neuigkeiten aus. Bis dann mitten im Reden dem Sommer vor Müdigkeit die Augen zufielen und er selig und zufrieden einschlief. Es war Zeit für seinen wohlverdienten Sommerschlaf.

Währenddessen ließ der Herbst seine Augen über das Land schweifen und staunte wieder einmal über all das, was wuchs und bereit war zum Ernten. Welch eine Fülle. Er kostete an allen Ecken und schmatzte genüsslich. Sein Bauch wuchs, aber das war ihm so etwas von egal. Besonders liebte er es, die Blätter kunterbunt anzumalen.

Ab und zu kleckerte er. Aber was soll es. Den Kindern guckte er gerne zu, wie sie alles Mögliche aus Kastanien bastelte.

Und viele Menschen muffelten weiter und weiter. Gestresst wollten sie durch den Tag jagen. Unverständlich für den Herbst. Da Reden nicht half, schickte er vielen Erkältungsviren. Bei manch Hartnäckigen griff er zu drastischen Maßnahmen. Er konnte Menschen zu Fall bringen, dass sie sich das eine oder andere Bein brachen und so zum Ausruhen gezwungen wurden. Er schenkte ihnen so Zeit zum Nachdenken.

Ob das was bringen würde? Er wünschte, dass sie ihn endlich mit anderen Augen sehen. Ohne ein Ende dieses Nörgeln hätten sie zukünftig ein riesengroßes Problem mit ihm. Aber er hoffte, dass es nicht so weit kommen würde.

Regen du

Vor einer Woche kreuzten sich zufällig ihre Wege. Beide guckten sich kurz und schüchtern an. Kurz funkelte es. Doch dann senkten sich aus der Gewohnheit die Blicke und sie schenkten dem Boden unter ihnen die volle Aufmerksamkeit.

Die Sonne glühte vor Aufregung. Immer diese Angst, auf jemanden zuzugehen. Würde sie auch heute wieder enttäuscht abends unverrichteter Dinge untergehen? Oder aber, sollte sie es endlich mal wagen. Sie dachte an das Gespräch mit Mutter Mond, der sie so oft ihr Herz ausgeschüttet hatte. Auf die Frage, was denn passieren könnte, hatte sie nicht wirklich eine Antwort.

Also schaute sie ihn mit wild klopfendem Herzen an. Zögerlich und mit piepsiger Stimme sagte sie: Hallo, sind Sie auch das erste Mal hier? Er nickte schweigend. Reden war auch nicht so seine Stärke. Er war so verwirrt vom Strahlen der Sonne.

Dabei tropfte und tropfte er, sodass sich blitzschnell eine Pfütze um ihn bildete. Die Sonne richtete sich auf und fragte ihn nach seinem Namen. Ihr wärmender Blick bestärkte ihn. „Ich bin der Regen und es freut mich sehr, Ihre Bekanntschaft zu machen und ich bedanke mich, dass Sie mich angesprochen haben." Ja und dann sprudelte es nur so aus ihm heraus. „Es ist so schön, mal mit je- mandem zu reden. Arbeiten Sie auch im Wetterbusiness? Schimpfen die Menschen auch so oft über Sie? Kennen Sie hier auch keinen anderen auf dieser Party? Finden Sie Smalltalk auch so anstrengend? Ärgern Sie sich auch oft, dass Sie den Mund meist nicht aufbekommen?"

Dir Sonne nickte freudig, ihr wurde heißer und heißer, sie bestellte zwei VIRGIN SUNRISE. Sie wusste plötzlich, dass der Mond heute stolz auf sie sein würde. Sie reichte ihm ein Glas und fragte: „Regen, wollen wir nicht DU sa- gen?"

Zeit für

Es tut mir so leid

lange nahm ich mir nicht Zeit

Worte aufs Papier zu bringen

zum Lesen und zum Schlager singen

auch kein Tanzen und kein Treffen

nicht mit Walter und mit Steffen

lenkte ab mich mit so Dingen

mal sehn ob sie mich weiter bringen

ja und die Zeit, ich bin für sie

füll sie mehr mit Phantasie

endlich wieder Schönes machen

die Zeit und ich, wir lassens krachen.

Klang

Bunt
sind Farben
vom leuchtenden Klang
ich summe leise mit
vorsichtig

vorsichtig
lauter werden
bin so begeistert
selbst wieder mal singen
Freude

Freude
wächst weiter
Strahlen wird breiter
hüpfen zu der Melodie
mehr.

Musikalisch

Angetrieben vom Stück dieses durchgeknallten Komponisten haben die Töne einen riesen Stress. Sie leiden unter Muskelkater und kommen außer Atem. Der Typ scheucht sie die Tonleiter rauf und runter. Ist doch abartig, immer Galopp, Galopp. Was soll das? Wie soll sich in dieser Hektik der Klang entfalten? Unverständlich.

Nur der Kontrabass freut sich. Er spielt lange tiefe Töne und grinst vor sich hin. Hat den größten Resonanzraum. Oh yeah. Und dann nach 4.37 Minuten auf und ab ist es endlich vorbei mit diesem Chaos. Erleichtert lassen sich die Töne erschöpft fallen. Endlich Stille.

Stimme-stimmlich-stimmhaft

Fast einstimmig entscheiden wir uns dafür, dass es mit mehreren Stimmen bunter klingt. Wir stimmen ab, dass und wie wir uns erstmal auf das Wochenende einstimmen wollen. Ja doch, es enthalten sich welche der Stimme. Schon bekannt, dass sie sich schlecht entscheiden können. Egal. Es hat keinen Einfluss auf die gute Stimmung. Manchen Stimmen merkt man das lange Pausieren an. Aber das macht gar nichts.

Nach kurzer Erwärmung klingt es immer besser. Alle Stimmbänder genossen einst Stimmbildung. Ja und singen verlernt man genauso wenig wie Fahrradfahren und Schwimmen. Die Muskeln wollen einfach wieder bewegt werden. Ist doch bekannt. Mit der Zeit klingt es magisch. Wir können nicht genug bekommen von uns. Gänsehautmomente ohne Ende. Stimmst?

Kreisverkehr

Else war Fachfrau für den Kreisverkehr. Immer wieder landete sie in ihm und drehte aus Gewohnheit Runde um Runde um Runde. Wieso? Hier kannte sie sich aus, hier war sie in bester Gesellschaft mit vielen anderen Kreisfahrern. Um ja in der Spur zu bleiben, konzentrierte sie sich auf die Markierungen. Ab und zu nahm sie die Ausfahrten wahr.

Bisschen spürte sie Sehnsucht, wenn sie die Hinweisschilder auf den Ausfahrten sah. Die Buchstaben nahm sie nur verschwommen wahr. Im Radio spielten sie immer wieder mal Lieder von Abenteuern und der weiten Welt. Aber dann erinnerte sich Else an all das Schreckliche, was sich die Menschen erzählten. In der Welt gab es unzählige Verkehrsschilder, die einen komplett überforderten und Orientierung unmöglich machten.

Überall Baustellen und Umleitungen. In einem Affenzahn rasten die Fahrzeuge ohne zu gucken über die Straßen. Die meisten ignorierten Geschwindigkeitsbegrenzungen und rote Ampeln. Ohne Unterlass hörte man die Sirenen von Einsatzkräften. Keiner nahm Rücksicht auf den anderen. Die Schauerstorys ängstigten Else.

Sie war nicht immer so gewesen. Von wem hatte sie sich ihre Entdeckungslust nehmen lassen? Lange dachte sie darüber nach. Sollte das ewig so weiter gehen – Runde um Runde um Runde? Jeden Tag das Gleiche? Plötzlich war es sonnenklar. NEIN bloß nicht. Sie musste ganz schnell weg aus diesem lebenverhindernden Kreis.

Sie spürte, wie ihr Herz vor Aufregung raste. So lebendig hatte sie sich lange nicht gefühlt. Souverän setzte sie den Blinker. Erhaben und etwas mitleidig winkte sie zum Abschied den anderen. Die nächste Ausfahrt war ihre. Else grinste breit, als sie ABENTEUER LEBEN auf dem Verkehrsschild las.

Fragen

Die Fragen wunderten sich, wieso sie so selten gestellt werden. Seltsam seltsam. Wieso bedienten sich die meisten Menschen sich nicht ihrer – sehr fragwürdig? Die Menschen versuchten, sich fast ausschließlich mit Aussagesätzen zu verständigen. Sie monologisierten sie, bis beide Seiten gähnten und spürten nicht, was komplett daneben lief.

Missverständnisse waren an der Tagesordnung. Die Fragen erkannten den Wahnsinn. Sie setzten sich zusammen, um Slogans zu formulieren. Hofften, dass sie die Menschen noch rechtzeitig erreichen würden, um größeren Schaden abzuwenden.

„Wer fragt gewinnt." „Wie geht es dir? Wie geht es mir?" „Frage Sätze, finde Schätze."

„Bitte ersetze Aussage- durch Fragesätze."

Die Menschen riefen „So ein Blödsinn!", „Immer diese merkwürdigen Demos", „Die wollen nur Ärger", „Die haben doch nur Langeweile".

Fassungslos reagierten die Fragen. Wollten oder konnten die Menschen es nicht kapieren? Wenn das so weiter ging, würde die Angst vor der Zukunft wachsen. Noch gaben die Fragen die Hoffnung nicht auf. Ob sie wohl noch Menschen fänden, die ihren Wert erkennen?

Die Wahl

Riesengroß ist meine Qual

und dann habe ich die Wahl

entscheide ich mich radikal

ich verlass dies tiefe Tal

zweifle wirklich nur einmal

der Pfad nach oben ist sehr schmal

ist mir wirklich ganz egal

die Aussicht dann phänomenal.

Dunkelheit

Kraftvoll bemühte sich die Dunkelheit, alles lahm zu legen. Sie hielt sich viele Stunden am Tag. Gemeinsam mit Kälte und Nässe verführte sie die Menschen zu erstarren. Ganz geschickt verbreitete sie düstere Gedanken. Ihr werdet krank, wenn ihr euch nur anschaut. Die Dunkelheit hatte alles im Griff. Die Menschen fühlten sich schwer und traurig und blieben alleine in ihren Wohnungen. Sie schleppten sich mühsam durch den Tag. Die Motivation sich zu bewegen, war fast bei null. Mit einem gehässigen Grinsen betrachte sie stolz ihr Werk.

Und die Sonne? Ja die Sonne war traurig und wunderte sich über die Verwandlung der Zweibeiner. Waren die Menschen wirklich noch so abhängig von ihr? Ging es nicht auch mal ohne ihr wärmendes Leuchten? Sie hatte so gehofft, dass die Menschen inzwischen selbständiger und kreativer wären.

Aber nee, immer wieder mussten sie erinnert werden. Die Menschen lagen der Sonne aber sehr am Herzen. Sie sah ein, dass die Menschen noch Hilfe beim Umgang mit der Dunkelheit bräuchten.

Sie schrieb ihnen: Ihr Lieben,

wir kennen uns nun schon ein Leben lang. Ihr könnt euch immer zu 100 % auf mich verlassen. Ich bin immer für euch da. Denkt dran, ich bin weltweit unterwegs. Ihr seid hier nicht die einzigen, die von meinen Strahlen erwärmt werden wollen. Es dreht sich nicht alles immer um euch. Manchmal verletzt es mich, wenn ihr nicht an mich und meine Kraft glaubt.

Da lasst ihr euch einfach von der Dunkelheit manipulieren. Wieso nur? Wo bleiben da eure Ideen? Sind die schachmatt gesetzt? Habt ihr wirklich alles vergessen? Es gibt so viel, was euch wärmen kann.

Ich helfe euch da ein bisschen auf die Sprünge. Wärmendes Essen, leuchtende Farben, nährende Begegnungen, berührende Melodien, flackernde Kerzen, gemütliche Räume, kuschlige Gerüche, tanzende Takte. So, jetzt ist eure Phantasie gefragt.

Ihr schafft das. Ich glaub an euch.

Zuversichtlich, eure Sonne.

Unterwegs mit Hindernissen

Ihr Navi zeigte an, dass sie 3 Stunden von ihrem Ziel trennten. Tank gut gefüllt und mit Proviant hatte sie sich eingedeckt. Ausgeschlafen startete sie ihr rotes Auto frohen Mutes. Sie hatte es Pippi getauft. Die Vorfreude auf ihr langersehntes Ziel war riesengroß. Flüssig lenkte sie Pippi durch die Stadt. Es rollte wie von selbst. Alle Ampeln auf Grün. Das Leben war auf ihrer Seite. Sie konnte ihr Glück gar nicht fassen. Sie sang übermütig vor sich hin.

Und dann? Übertönte sie die lauter werdende Sirene. Blitzartig verstummte sie. Die 2 Rettungswagen der Bundeswehr zwangen sie zum Anhalten. Keine 100 Meter sah sie den Unfall, der nicht nur ihre Pläne für den Tag durchkreuzte. Weiterkommen erstmal unmöglich. Rasend schnell sperrte die Polizei wirklich alles ab. Und nun stand sie da.

Wagte mit hängenden Schultern einen Blick auf ihr Navi. Zum Monatsbeginn hatte sie zur Premium-Plus-Version gewechselt und war sofort up to date. „Auf Ihrer Route ist ein Stau angezeigt. Die voraussichtliche Ankunftszeit verzögert sich auf unbestimmte Zeit. Aktuell gibt es keine Möglichkeit, den Stau zu umfahren. Es wird um Geduld gebeten." Und dann hörte sie: „Überlegen Sie, was Sie mit der ungeplanten freien Zeit anfangen können. Wählen

Sie bei Menü Extras, wenn Sie Ideen angezeigt bekommen wollen." Sie schüttelte den Kopf über ihr neues Navi und klickte sich durch.

Erstens: „Recken und strecken Sie sich."

Zweitens: „Trinken Sie einen Schluck oder auch zwei (natürlich nur ohne Alkohol)."

Drittens: „Atmen Sie ganz in Ruhe ein und aus, ein und aus, ein und aus."

Viertens: „Erinnern Sie sich, wen Sie schon lange mal wieder kontaktieren wollten."

Fünftens: „Schreiben Sie sich ihre Gedanken auf."

Sechstens: „Lesen Sie endlich weiter in dem Buch, was Sie schon monatelang mitschleppen."

Sie fing an zu schmunzeln und war neugierig auf mehr.

Siebtens: „Schauen Sie sich um, was es um Sie herum zu entdecken gibt."

Achtens: „Seien Sie mutig, und nehmen Sie Kontakt auf zu den anderen Wartenden."

Neuntens: „Seien Sie dankbar, dass Sie weder Unfallopfer noch Einsatzkräfte sind."

Zehntens: „Genießen Sie, dass es heute ein trockener und warmer Tag ist."

Großartig, dass ihr Navi auch mit der Wetter-App verbunden ist. Mehr und mehr entspannte sie sich.

Elftens: „Was ist das Schlimmste daran, dass es gerade etwas länger dauert?"
Zwölftens: „Um welche Ideen können Sie unser Menü erweitern? Die besten Ergänzungen werden hochpreisig prämiert."

Na das wär doch gelacht, wenn sie nicht gewinnen würde. Alles um sich herum vergessen, flossen die Ideen nur so aufs Papier. Irgendwann drang das Hupen zu ihr durch. Sie solle endlich weiter fahren.

So ein Mist.

Ich bin ein Gemälde

In einem Rahmen fest an der Wand? Die Vorstellung gefällt mir überhaupt nicht. Gibt es eine Alternative? Bin für eine Wanderausstellung. Lebendig und interaktiv, ja und zum Anfassen. Konturen spüren, manche rau, manche weich, dass sie Geborgenheit spenden. Es gibt Knöpfe. Werden sie gedrückt, kann man sich überraschen lassen, was es da zu hören gibt. Lieder, Ideen, und noch viel mehr. Ja und ihr könnt entdecken, ob ihr mich riechen könnt. Öffnungszeiten nach Absprache.

Gleich geht es los

Alle in den Startlöchern. Hart trainiert für dieses Rennen. Die Pferde scharren mit den Hufen. Das Publikum hält den Atem an. Theodor Teich hat seinen letzten Heller auf Pedro gesetzt. Es geht heute um Leben und Tod. Und dann der Schuss. Pedros Jockey Jonas steht der Angstschweiß auf der Stirn. Aber die beiden sind ein eingespieltes Team. Da fällt ein Schuss. Pedro weiß, um was geht und rennt und rennt.

Und dann plötzlich sieht der Behufte auf der Weide seine Angebetete. Vilma, schwarz wie die Nacht mit wallender Mähne, wohlgeformt von vorn bis hinten. Schneewittchen ist wirklich nichts dagegen. Schon beim ersten Augenaufschlag vor einem Monat war es um Pedro geschehen. Und jetzt dieses verliebte Wiehern.

In Nullkommanix alles um sich vergessen, tänzeln die beiden Vierbeiner umeinander herum. Jockey Jonas reibt sich wütend nach einem zum Glück sanften Sturz seinen Allerwertesten. Theodor Teich graut sich vor dem Ruin. Und das Pferderennen geht für alle anderen einfach so weiter.

Am Anfang war das Wort

Am Anfang war das Wort
ja und dann zog dieses fort
das eine und das andre Jahr
traf viele andre wunderbar
erzählten sich woher sie stammen
kamen hier und da zusammen
immer mischten sie sich neu
blieben sich dabei auch treu
weiter mehr Geschichten teilen
nicht in Wehmut lang verweilen
so viel Tolles wir hier schreiben
weitermachen Worte bleiben.

Interesse wecken

Das Interesse hatte einen tiefen, festen Schlaf. Es verschlief den einen und den anderen Tag. Weltweit wurden Experten und Ideen gesucht. Es war zum Verrücktwerden. Was sie schon alles probiert hatten. Ein Wecker klingelte dermaßen laut, dass unzählige Nachbarn vor Schreck aus dem Bett fielen und sich lauthals über den Lärm beschwerten. Das Interesse zuckte nicht mal und schlief und schlief. Okay weiter.

Man engagierte gleich mehrere Schlagzeugspieler. Sie gaben wirklich alles. Die Vibrationen ließen die ganze Straße beben, aber das Interesse rührte sich nicht mal. Unglaublich.

Dann richtete sich die ganze Hoffnung auf den urigen Holzfäller aus dem Norden von Kanada. Er wurde von der Bundeswehr eingeflogen. Mit seinen riesigen Pranken packte er das Interesse und schüttelte wie wild. Aber nichts regte sich. Aber die Menschen hatten so eine Sehnsucht nach ihrem Interesse und probierten weiter und weiter.

Geführte Meditationen waren gerade mega trendy. Ein uralter Guru aus Tasmanien säuselte der Schlafmütze ins Ohr: „Während du meiner Stimme folgst, spürst du wie dein Bedürfnis, dich zu bewegen, mit jedem Atemzug wächst. Mit Leichtigkeit streckst du deine Gliedmaßen und die Augen öffnen sich wie von selbst. Du kannst es kaum mehr abwarten, endlich wieder loszulegen. Deine Energie ist riesengroß." Die Anwesenden tanzten wie wild bei den Worten, aber das Interesse rührte sich nicht. Der zutiefst enttäuschte Guru brauchte viel Zuspruch, um seinen Misserfolg zu verkraften. Derweil resignierten die Menschenmasse und verfielen mit der Zeit auch in eine Lethargie.

Bis zu dem Moment, als Helene den Raum betrat. In ihren Händen eine haselnussbraune Schüssel mit Keksen. Das Backwerk war noch heiß und es verbreitete sich ein verführerischer Duft. Den Anwesenden tropfte sofort der Zahn. Helene hielt dem Interesse einen Keks unter die Nase. Sie kannte es schon sehr sehr lange. Ganz ruhig und klar sprach sie es an: „Beeile dich mein Freund, sonst bleibt nichts mehr für dich übrig." Unglaublich, was dann passierte …

Das Virus Teil 2 – 2041

„Oma, du hast mir lange nichts mehr erzählt von dem Virus." „Ja, das stimmt mein Kind. Wie ist das weitergegangen? Lass mich mal überlegen, wie weit waren wir beim letzten Mal? (*Seite* 59)

Wie du weißt, schreibt Oma ja schon ganz lange und die Idee reifte, dass ich im Sommer 2021 mein erstes Buch veröffentliche. Das war so ein aufregender Weg. Schritt für Schritt. Plötzlich in die Sichtbarkeit zu gehen. Ja und es kostete mich viel Kraft, Nerven, Geduld und Vertrauen.

Es gab immer wieder schöne, berührende Begegnungen und Reaktionen. Ich war überrascht, wer das Buch doch wollte und was es auslöste. Ich genoss es auch beim Coaching, immer was Passendes in der Hand zu haben. Auf meiner Webseite habe ich die Geschichten rund ums Buch gesammelt.

Ein Highlight war eine Lesung in meiner Heimat, verbunden mit so viel Wiedersehensfreude. Großartig. Es kostete aber auch immer wieder Kraft, die Initiative zu ergreifen. Aber ich machte weiter und weiter. Im ersten Buch hatte ich ja viele Inspirationen, die mich immer wieder erinnerten.

Der Virus hatte die Welt weiter im Griff und so blieben öffentliche Begegnungen schwierig. Alle brauchten Zuversicht und so viel Geduld. Viele Menschen hatten Angst und verließen das Haus nicht mehr. Die Auswirkungen der Vereinsamung waren gruselig. Ich traf weiter sensible Menschen und sammelte kostbare Momente und teilte mir die Kräfte ein. Alles blieb ungewiss.

Einerseits war mein Ruhebedürfnis riesengroß, andererseits mein Bedürfnis, mich zu entfalten und meine Inspirationen zu teilen. Mich schreibend ausdrücken zu können, war und blieb ein großes Geschenk. Die Dankbarkeit für manche Menschen wuchs. Wir mussten uns nicht so oft sehen, alleine das Gefühl der Verbundenheit half immer wieder.

Ich lernte mich abzugrenzen von destruktiven Situationen und Menschen. Mehr und mehr vertraute ich meinem Bauchgefühl. Nahm es ernster, immer wieder aufzutanken. Da fiel mir immer wieder etwas ein."

„Oma, du bist toll. Ich bin stolz auf dich." „Meine Süße, ich dachte damals auch schon an die ferne Zukunft mit euch. Genug für heute. Irgendwann gibt es mehr." *(Seite 58)*

Ich bin im Rückzug

Habe ein ganzes Abteil nur für mich. Reise 1. Klasse, das bin ich mir wert. Hatte ich vorher online reserviert. Welch ein Genuss. Ein Sessel – verstellbar ganz nach Belieben. Selbstverständlich ein Fußteil, sodass ich es mir gemütlich machen kann. Ich wickele mich in die flauschige dunkelblaue Decke ein und freue mich ein Loch in den Bauch. Nicht erreichbar für die Welt. Ich reise rückwärts.

Ich schaue aus dem Fenster und bin überrascht, was sich alles zeigt. Unzählige Momente verbunden mit intensiven Gefühlen. Auf meiner Armlehne gibt es verschiedene Knöpfe. Drücke ich einmal, hält mein Zug. Ich kann frei wählen, wie lange ich in einem Moment verweile. Bei zweimal drücken geht es gemütlich weiter. Manchmal klicke ich hektisch mit feuchten Fingern dreimal auf den roten Alarmknopf. Nur schnell vorbei an so manchem, was ich da sehe. Ich habe die Wahl. Ich bin so dankbar darüber. Ich genieße meine stille Reise ohne Fahrplan. Mit der Zeit entspanne ich mehr und mehr.

Ein Kellner scheint zu wissen, wann und was ich brauche. Verwöhnt mich mit Speisen, die mich überraschen und auch meine Seele wärmen. Der Apfelzimttee weckt wohlige Erinnerungen. Traumhaft.

Auch für meine Ohren gibt es eine vielseitige Klangapo-theke. Melancholisches, um den erlösenden Tränenfluss zu erleichtern. Wie wohltuend. Was ist das denn? Hörspie-le mit Sprecher ihrer Wahl. Ich kann Namen eingeben. Ich tippe ein. Elschen: meine geliebte Oma. Und dann traue ich meinen Ohren nicht. Ich höre sie wirklich. Mein Herz macht Freudensprünge. Mehr später, wenn ich dann mal wieder komme. Wann? Wer weiß. Es ist so schön in mei-nem Rückzug.

Selber schuld

Habt mir Doofes angetan
schmiede meinen Racheplan
heute Nacht werd ich mich rächen
den Keksteig rund und eckig stechen
die Türen werde ich verschließen
schadenfroh werd ich genießen

mein Geigenspiel ist sehr bescheiden
gruslig müssen Ohren leiden
mit schimmeligen Essensresten
werd ich die Hütte euch verpesten
auch mein Gezeter wird nicht fehlen
herrlich leidenschaftlich quälen

eure Stimmung die sinkt runter
ich die ganze Zeit so munter
plötzlich höre ich euch sagen
schämt ihr euch für all die Plagen
die ich lange hab erlitten
ganz ehrlich höre ich euch bitten

okay, dem Spuk setz ich ein Ende

ich es sehr gigantisch fände

wenn sie wirkt die Lektion

ich hoffe doch und glaube schon

falls nicht ich es wieder mache

Ideen viel für eine Rache.

Pfleger Klaus

In Pankow in dem Krankenhaus
treffe ich den Pfleger Klaus
wie ein Waldschrat sieht es aus.

Seine Stimme ist ganz tief
als er mich beim Namen rief
prust ich laut und lach mich schief.

Kommt herein zum Blutdruckmessen
nichts und niemand kann ihn stressen
ich selbst bin hungrig, will was Essen.

Ich drängle bitte bitte bitte
bring mir endlich eine Schnitte
und er ruht ganz tief in seiner Mitte.

Erst muss ich sie hier alle pflegen
den Nachbarn auf die Seite legen
habn Sie etwa was dagegen?

Also erst das Waschen
vielleicht find ich ja in meinen Taschen
ne Kleinigkeit für Sie zum Naschen.

Grinst vergnügt durch seine Brille
ich bin brav und werde stille
und viel größer wird mein Wille.

Zu danken ihm von ganzen Herzen
er tut mir gut mit seinen Scherzen
will schenken ihm zwei grüne Kerzen.

Viel Schweres ihn erst dazu brachte
dass er auf sich selbst nun achte
manch einer ihn dafür verlachte.

Nun ist er immer fröhlich auf den Beinen
vor Rührung bringt er mich zum Weinen
und tatsächlich könnt man meinen.

Ein Engel schwebt durchs Krankenhaus
verkörpert durch den Pfleger Klaus
verdient hat er so viel Applaus.

Gesundheit

Gesund

ist es bunt

krank

wird mir bang

unter drei Decken

besser verstecken

den Husten

wegpusten

bei Schmerzen im Hals

schluck Biomalz

oder es retten

rosa Tabletten

der Darm

will es meist warm

und bei Kopfweh

Ruhe und Tee

liebe Gesundheit

wann ist es so weit?

Fernbedienung

Ich blättere durch das Abendprogramm. Nichts reißt mich vom Hocker. Beim Krimi ist mir nach 5 Minuten klar, wer die Mörderin ist.

Quiz mit Biss: schon der Name der Sendung. Die wollen mir ihr Zeug andrehen, was soll ich mit dem Kram anfangen? Und die Stimme von diesem Moderator quietscht unerträglich. Das tu ich mir nicht an.

Beim Länderspiel verfolgen viele voller Spannung das Hin- und Herrennen der Spieler. Das Publikum brüllt sich derweil die Seele aus dem Leib. Wieso denn bloß?

Nächster Versuch. Programm 711 „Heute wird es lustig". In der Sendung erzählen sie sich gegenseitig etwas und amüsieren sich selbst wie Bolle. Es ist zu sehen, wie das Publikum Anweisungen erhält, an bestimmten Stellen zu lachen. Die machen das auch mit. Unglaublich. Mir erstarren meine Mundwinkel.

Bei den Nachrichten reiht sich eine Schreckensmeldung an die andere. Meine Stimmung sinkt und sinkt. Kaum auszuhalten. Schluss aus. Ich tue mir das nicht länger an. Aus die Kiste.

Was tun? Statt Fernbedienung nehme ich mein Programm selbst in die Hand. Mal überlegen. Ich bediene mich selbst an dem, was ich beim Umschauen in meinen 4

Wänden entdecke. Oh was gibt es da nicht alles. Musik, die mich lockt, mal wieder laut mitzusingen zu diesen „Schlimmen Schlagern". Äh, ich bin noch tatsächlich textsicher. Gebe zu, ein bisschen schräg klingt es schon – egal was die Nachbarn von mir denken.

Ach und was habe ich doch gerne getanzt. Greife zu dieser einen bestimmten CD. Lied Nummer 7 und die Post geht ab. Ich beame mich gedanklich auf eine Tanzfläche. Die Discokugel dreht und dreht sich. Und ich erst. Hüpfe hin und her, fühl mich wie ein Gummibär. Es ist der Wahnsinn. Verschwitzt greife ich zu Krabbelwasser.

Das kitzelt und ich kichere wie früher. Die Nachbarn klingeln, kurz sorge ich mich, ob sie sich ob der Lautstärke beschweren, aber nee, sie suchen meine Gesellschaft. Bringen unzählige Glückskekse und Geschichten mit. Wir teilen alles. Die Fernbedienung fühlt sich so vernachlässigt und ist beleidigt. Mir egal.

Bewegen

Bewegungslos, soweit das Auge reicht Hindernisse. Unbeweglich steif vor Schmerzen, ohne Denken doof im Kopf und gefühlskalt. Bleibt das so? Es gibt eine Initiative für mehr Bewegung. Wie bewege ich wieder meine Emotionen, Muskeln und Gedanken? Da kommt ganz schön was in Bewegung. Also aufstehen, endlich wieder bewegen. Meinen Körper bewegen, dehnen und genüsslich strecken.

Meine grauen Zellen lieben es, wenn sie blitzschnell hin und her und kreuz und quer flitzen können und andere treffen. Da geht es ganz schön hoch her. Auja, kunterbunt Spinnen und Denken. Und meine Emotionen? Ja sie fließen, wenn Begegnungen beleben, Ideen begeistern, Lachen mich ansteckt, Worte wärmen, Düfte Erinnerungen wecken, wir hörend miteinander singen. Auja. Es werden dringend Menschen gesucht, die sich der Initiative anschließen.

Auf Kur

Ich bin zur Kur und schaue auf meinen heutigen Plan.

7-8 Uhr Reinigung bei anhaltenden Unklarheiten

Ihnen wird der Kopf gewaschen, sie schreiben sich 4 Seiten den Müll von der Seele, haben den isolierten Raum zur individuellen Nutzung, zum Beispiel zum Tanzen, Singen, Toben, Schreien, absolute Ruhe genießen, kneipen und genießen Sie, wie es kribbelt.

8-10 Uhr Erwärmung bei Unterkühlung

Wählen Sie kuschlige Kleidung, entscheiden Sie sich für heiße Getränke, geborgenes Essen, Endorphin spendende Erinnerungen, tauchen Sie ein in ein Bad, buchen Sie die Sauna, wärmende Sonnenstrahlen, suchen Sie die Gesellschaft von Menschen mit strahlenden Augen. Lassen Sie sich von den Sonnenstrahlen die Nase kitzeln.

10-12 Uhr Entfalten bei Enge

Öffnen Sie weit das Fenster. Reißen Sie die Arme in die Luft und begrüßen Sie summend den Tag. Begrüßen Sie den unendlichen reinigenden Sauerstoff mit jedem tiefem Atemzug willkommen. Es ist genug für alle da. Schaffen Sie Platz in sich. Seien Sie mutig. Wenn Sie eine Rede halten wollen, nur raus damit.

12.14 Uhr Rückzug

Buchen Sie Zeit im Raum der Stille oder gönnen Sie sich mal wieder eine Runde Mittagsschlaf. Sie sind offline und für niemanden erreichbar. Sollten Sie sehr geräuschempfindlich sein, vermieten wir Ohrenschützer der Marke Mäuschen Still. Fragen Sie am Empfang.

14-16 Uhr Loslassen

Schreien oder schreiben Sie nach Lust und Laune, kotzen Sie sich aus, schimpfen Sie was das Zeug hält, ohne Rücksicht auf Verluste. Lassen Sie die Tränen laufen. Beherrschung ist verboten. Muten Sie sich den anderen zu, singen Sie, auch wenn Sie denken, dass Sie es nicht können.

16-19 Uhr Genießen

Kreieren Sie mit oder ohne unsere Ernährungsgurus Gerichte, dass Ihnen bei der Zubereitung bereits der Zahn tropft. Einheimische und exotische Zutaten warten darauf, von Ihnen individuell zubereitet zu werden. Auf Wunsch zaubern Ihnen unsere Köche Menüs, die bis jetzt alle vom Hocker gerissen haben. Derweil lauschen Sie lediglich dem Klappern in der Küche und erfreuen sich der sinnlichen Gerüche.

19-22 Uhr Tagesausklang

Viel ist möglich. Sie können sich künstlerisch einbringen, Karaoke singen, Publikum sein, mit anderen spielen oder tanzen. An der Bar warten leckere Snacks darauf, von Ihnen entdeckt zu werden. Es steht Ihnen jederzeit frei, die Gesellschaft zu verlassen. Die Bibliothek hält aus allen Genres unzählige Bücher bereit.

Specials. Around the clock können Sie bei Gesprächsbe-
darf unser Personal kontaktieren. Unter dem Menüpunkt
„Das sind wir" erfahren Sie ziemlich viel über uns. Chemie
muss ja stimmen.

Wir wünschen Ihnen einen Tag nach Ihrem Geschmack.

Vor Vorfreude hüpft mein Herz wie wild bei dieser freien
Vielfalt.

Entscheiden

Täglich wieder neu entscheiden

ob wir noch ne Runde leiden

ob wir weinen oder lachen

ärgern oder Faxen machen

alle uns im Haus verstecken

oder Orte neu entdecken

immer weiter wir uns trennen

sondern manche es erkennen

reden kann schon weiterhelfen

Menschen, Gnomen und den Elfen.

Mein Bauch

Mein Bauch hat auch seine Gefühle, nicht nur ich. Er knurrt lautstark, wenn er wieder Hunger hat. Wenn ich das über längere Zeit ignoriere, ist das wirklich nicht lustig. Er rumort lauter und lauter, bis ich ihm etwas anbiete. Nicht immer stimmen da unsere Vorstellungen überein. Ihr wollt auch nicht wissen, was los ist, wenn ich ihm zu schnell bin beim Essen.

Generell will er immer gefragt werden. Bei Entscheidungen aller Art soll ich auf ihn hören. Nimmt sich gerne sehr wichtig. Denkt, dass er es besser weiß als ich. Wäre ja noch schöner.

Und dann regelmäßig beschwert er sich, wenn es ihm zu viel wird, an dem was ich ihm zum Verdauen anbiete. „Ganz schön schwere Kost.", klagt er des Öfteren. Wir haben es nicht so einfach miteinander. Muss ja zugeben, dass es ab und zu von Vorteil war, ihn ernst zu nehmen und mich nach ihm zu richten. Aber ich hüte mich davor, ihn dafür zu loben. Sonst trägt er seine Nase noch höher, das wäre ja nicht zum Aushalten. So richte ich mich öfter ganz unauffällig nach ihm, hoffe, dass er es nicht mitbekommt. Und bitte – mich nicht verpetzen. Okay?

Aufregung

Agathe war fürchterlich aufgeregt. Sie hatte das Gefühl platzen zu müssen, wenn sie nicht schreiben würde. Es grummelte so heftig im Magen. Das Herz schlug in einem Affenzahn. Eine Idee war plötzlich aufgetaucht. Es schwindelte sie. Sie hatte das Gefühl so lange vermisst. Oft hatte sie ihre Impulse unterdrückt. Schluss damit. Es musste jetzt raus. Endlich.

Sie hatte ihre Brille der Begeisterung endlich wieder gefunden. Ewig hatte sie danach gesucht, und nun, da sie sie auf der Nase hatte, sah sei aus wie der Osterhase. Orange geformt wie Eier – ist doch klar, oder? Da war wieder das Kribbeln, endlich die Welt wieder aus einer neuen Perspektive sehen. Und Lebendigkeit breitete sich aus. Hurra, da waren sie, die langvermissten und vergessenen Inspirationen und dieses Au-Ja-Gefühl. Es musste aufs Papier. Sie war so gespannt, auf den Tanz der Buchstaben. Agathe konnte es kaum mehr abwarten.

Wut

Die Wut ist so fürchterlich genervt. Sie findet es so gemein, dass sie so ein blödes Image hat. Wieso ist das so?` Immer nur lieb sein, alles hinnehmen, allen Ärger für sich behalten. Macht weiter so. Schluckt alles runter. Behaltet euren Frust für Euch. Ihr seht ja, wo es Euch hinführt. Nehmt bitte all die Konsequenzen mit in Kauf und beschwert euch dann aber nicht.

Die Wut versteht das nicht. Sie hat so viel Power. Sie will nicht, dass wir Ersticken an all unserem Ärger. Es ist so großartig, endlich mal Dampf abzulassen. Kinder sind da oft schlauer. Und da gibt Das Gerücht, dass die Erwachsenen wissen, wie es lang geht. So ein Quatsch. Die Wut hat immer die besten Absichten. Wieso kapieren die meisten Menschen das nicht? Noch hat sie Geduld, aber wer weiß wer weiß.

Gedanken machen

Gedanken machen oft einfach was sie wollen. Sie führen ein Eigenleben. Besonders selbstbewusst und manipulativ sind all die, die uns liebend gern das Leben schwer machen. Meist düster gekleidet verbreiten sie geschickt ihre schweren Überzeugungen. Das wird sowieso nichts. Probiere es erst gar nicht. Andere sind viel viel besser. Du wirst wieder scheitern. Das ließe sich endlos fortsetzen. Sie sind so geschickt, alles destruktiv zu steuern. Die Auswirkungen sind fatal. Es ist beängstigend.

Aber meist im Verborgenen gibt es da auch noch andere. Oft schwer zu finden, dass sie sich meistens zurückhalten und sich verstecken. Aber manchmal, wenn sie unter sich sind, tauen sie auf. Sie schmücken sich mit ihren bunten Kleidern. Irgendwann fängt immer jemand an zu singen und nach und stimmen alle mit ein. Kann schon anstecken. Was für eine Stimmung. Wenn sie ganz übermütig sind, machen sie sich über die schweren Gedanken lustig. Ja und sie sind dann sicher, dass das Leben schön ist. Es gibt so viel Tolles zu entdecken.

Und ich? Was mache ich? Ich werde mir darüber mal Gedanken machen.

Tenöre

Musste neulich zum Verhöre
fragte mich so eine Göre
was mich denn am meisten störe
ja es sind die Ingenieure

unter ihnen meist Tenöre
trällern gern bei diesem Chöre
fast alle sind nur Amateure
ich mich lauthals dann empöre

wenn ich manche nur so höre
geschickt den Killer ich betöre
gut investiert ist jede Öre
ich bin schuldig und ich schwöre

Freiheit ich sehr gern verlöre
freu mich im Knast auf Visionäre
gründe dort dann meine Chöre.

Treffsicher

Geheimnis ich euch hier verrate
bin auf dem Weg zum Attentate
putze schon die Handgranate
auf diese ich sehr lange sparte

bevor ich wirklich endlich starte
nehm ich das Wildschwein dieses zarte
ich es bei großer Hitze brate
dazu 4 Eier und Tomate
mit Essigdressing zum Salate

schlürf den yummi Cafe Latte
lausch dazu der Bach Kantate
und dann treff ich sicher ihn den Pate.
begeistert bin vom Resultate.

Unglaublich

Ich habe mich drauf eingelassen
kann es selbst nicht wirklich fassen
hab nicht wirklich einen blassen
trotzdem bleibe ich gelassen
trink Muckefuck ganz viele Tassen
beim Andrang dieser Menschenmassen
überfordert sind sie an den Kassen

heute habe ich die Ehre
lauschen mir wie ich erkläre
nicht nur wie man sich ernähre
von Kuchen mit viel Stachelbeere
nein auch wie ich mich beschwere
was mir kommt da in die Quere
als ich verpasste meine Fähre

rede über jenes und auch das

wie auf der Wiese wächst viel Gras

neuerdings auch Ananas

koch Marmelade gleich ein ganzes Fass

mein Nachbar ist vor Neid ganz blass

vom Weinen wird sein Hemd ganz nass

großzügig schenk ich ihm ein ganzes Glas

damit komm ich jetzt zum Ende

grandios hier eure bunten Wände

wirklich phantastisch ich es fände

klatschtet laut in eure Hände

offen bin für jede Spende

jeder dies wohl gut verstände

verlasse reichlich das Gelände.

Verschlossen

So viele Panzerschränke stehen da herum. Alle seit Jahren unberührt und verstaubt. Ihr fragt wieso? Die Besitzer waren so mit dem täglichen Einerlei beschäftigt, dass die Schränke in Vergessenheit gerieten. Darauf angesprochen, reagierten die Menschen unterschiedlich. Die meisten wirkten desinteressiert, bei sehr wenigen leuchteten kurz die Augen. Diese wurden wehmütig, weil sie die Tastenkombinationen für ihre Panzerschränke verbummelt hatten. Aber es regte sich was bei ihnen. Beim Reden kamen die Erinnerungen an all das, was so lange verschlossen war. Da gab es Mut zu spontanen Reisen, Begeisterung an neuen Gerichten, Wärme beim Denken an die Großeltern, viel Humor beim Quatschmachen nicht nur mit Kindern, Kleidung, die sie gerne zum Tanzen trugen, Fotos, die an großartige Momente erinnerten.

Aber es fehlte leider weiterhin die Tastenkombination. Verzweifelt überlegten die Menschen und ärgerten sich über ihre Vergesslichkeit. Die Sehnsucht nach einem Wiedersehen mit ihren verschlossenen Schätzen wuchs und wuchs.

Aber wer könnte ihnen helfen? Nach nächtlicher Suche im Darknet fanden sie ihn, Paul Knackwurst – Profi Panzerknacker. Andere lobten ihn in den höchsten Tönen für seine Handarbeit. Ganz legal war es nicht, aber der Zweck heiligt ja bekanntlich die Mittel. Ein Anruf und drei Tage später klingelte es pünktlich. Mit düsterem Blick in schwarzen Klamotten wirkte er nicht sonderlich vertrauenserweckend. Aber er sollte Fachmann auf seinem Gebiet sein. Mit einem etwas mulmigen Gefühl ließen die Menschen ihn herein. Da mussten sie durch.

Ohne Worte zu verlieren, begutachtete Paul Knackwurst den Panzerschrank. Erst beklopfte er ihn energisch von allen Seiten. Dann griff er zu seinem blau-weißgestreiften Stethoskop und lauschte hochkonzentriert. Merkwürdig das Ganze. Er kratze sich hinter seinem Ohr, verdrehte plötzlich die Augen, stampfte dreimal laut auf, nahm einen Schluck vom Kirschbananennektar und klatsche laut polternd auf den Tisch. Alle erschraken fürchterlich. Jetzt haben wir es. Er drehte siegessicher am Schloss und im Nu öffnete sich nicht Sesam, sondern die Tür vom Panzerschrank.

Vor Überraschung fiel einigen die Kinnlade herunter, aber sie hatten sich bald wieder gefangen. Die Freude über ihre Schätze ließ alle Angst vergessen. Sie feierten ausgelassen die ganze Nacht ihr wohliges Wiedersehen.

Ja und Paul Knackwurst nahm zufrieden seinen Kram und das großzügige Honorar und sputete sich für den nächsten Banküberfall mit seinen Kumpel Kurt Krummesding. Aber pssst, das bleibt unter uns.

Freudenfalten

Die Freudenfalten waren eingerostet. Mann oh Mann! Wann hatte Balthasar das letzte Mal herzhaft gelacht? Sie konnten sich nicht dran erinnern. Früher hatten sie viel Lustiges miteinander erlebt. Balthasar war beliebt und bekannt für seine schrägen Witze. Er amüsierte sich jedes Mal selbst am meisten über den Quatsch, den er von sich gab. Aber das war Geschichte. Allein fristete er sein Dasein. Ja er war unglücklicher Single. Ob das für immer vorbei sein sollte?

Die Freudenfalten schüttelten sich allein bei der Vorstellung und dachten lange nach. Der einen fiel ein, dass sie neulich eine Werbung gesehen hatte. „Lachfalten – die Herzen werden ihnen nur zufliegen". Ja, ganz aufgeregt erzählte sie davon. Die anderen guckten skeptisch. Wie soll das gehen? Lasst mich kurz überlegen, wie es weiter ging. Sie kramte in ihrem Gedächtnis, derweil sich die anderen nur wunderten. Die immer mit ihren Ideen.

Jetzt hab ich es: Schönheitschirurg Schneidegut, ja und hier ist der QR-Code zu seiner Seite. Die Lachfalten bequemten sich zu lesen, es war ja sonst nichts los.

„Ihnen ist das Lachen vergangen? Da sind Sie nicht alleine. Sie suchen einem Partner? Ich bin für Sie da. Ich korrigiere Ihre Stirn und Augenwinkel. Einmal schnipp schnipp und ich garantiere Lachfalten, die Sie so noch nicht gesehen haben. In zahlreichen Fällen hatte es auch positiven Einfluss auf die Stimmung. Glück in der Liebe garantiert. Anruf kostenfrei. Ihr Doktor Schneidgut. Hier finden Sie noch Dankesschreiben von verliebten Paaren."

Die Freudenfalten nickten begeistert. Es wäre doch gelacht, wenn sie Balthasar nicht überzeugen könnten.

Neubeginn

Auja immer wieder neu beginnen

Unser Mut lässt uns gewinnen

Oder Angst lässt uns verharren

Düster auf die Zukunft starren

Auja wir können selbst entscheiden

Lebensfreude oder Leiden.